跟著巴菲特猛賺4·3萬倍

邱涵能——著

CONTENT

① CHAPTER 為何要學巴菲特？
—— 理解巴菲特之道，透視他卓越績效

(2) CHAPTER　投資就買波克夏！
——各方探索波克夏，方能抱牢賺大錢

5 CHAPTER 學無止境的觀念
—— 學習資源再分配，翻轉未來購買力

擁抱大師智慧，邁向財務自由

　　恭喜我們五福儲蓄互助社社員邱涵能老師，再度推出了一本令人期待的新書！

　　涵能老師不僅是理財教育家，投資股票有成，邁入財務自由，更是我們社金融素養教育上密切合作的夥伴。兩年來，我們一同舉辦了許多活動，如：臉書線上演講「理財小白特訓班」、互助金融跨校共學三校工作坊、文藻語大「金融素養培養皿」讀書會等等。透過這些活動，老師協助儲蓄互助社的推展，特別是在青年理財教育方面，鼓勵青年朋友養成節約的美德，同時啟發他們靈活運用儲蓄互助社貸款的機制，以建立良好財務規劃的態度。透過臉書直播、工作坊和讀書會等方式，老師讓不同階段的青年朋友瞭解財務自由的真諦，是可以增加選擇的機會。

　　在本書的理財觀和投資實例中，我看到涵能老師表達出兩個概念：「素養與選擇」以及「自律與智慧」。在「素養與選擇」的概念，讀者將可透過第一和第五章學習理財知識，提升金融素養，從而擁有更多的人生選擇，促進生產力，改善生活品質。而在「自律與智慧」的概念中，在第二、第三和第四章則深入探討「價值投資」，這種投資方式不僅會啟發了讀者對於財務不同的想法，也更加重視價值所帶來的各種益處，如：誠信和自律等重要人生價值。

聖經說：「各種珍奇可愛的寶物，因著智識可儲藏滿室。」（箴24:4）。就像這句話所描述，涵能老師這位理念與實踐並行的教育家所撰寫的書籍，必能豐富讀者的智識，提升自我，最後贏得屬於自己真正的生活自由。

高雄市五福儲蓄互助社　社長

吳英傑

財務自由我達標

2008年考上屏科大研究所，誤打誤撞進入EMBA就讀，天主為我開啟另一扇窗。中年文科轉商科，卻發現可以透過自我研究財報投資股票，滾出財富。於是，中年之前完全的文科生，除了喜歡活用數學思考問題，開啟了商科小白的試券。在學期間，由於看破退休金制度的缺陷與不足，開始自學巴菲特，朝向財務自由之路邁進。

還好，我學習之初就知道要遵循巴菲特之道，也是因為之前在股市無知的玩股票，而被股票玩，虧多於盈。

2015年9月18日透過時報出版社出版了《買進巴菲特，穩賺18%》一書。這本書與其說是寫給別人看的，更像是寫給自己看的。透過自己寫出的文字，讓自己在投資之路上更自律，時時將方向盤對準巴菲特的路線，不太過偏移。

這麼多年過去了，我犯的錯還是多過對的，雖然篳路藍縷，還好小賠大賺，只因投資歷程做對了一個正確大決策：擁抱巴菲特，買進波克夏，與贏家共處，不再輕易賣。

來看看我的成績單：

從我EMBA畢業的2010年開始，到2024年3月底，共14.25年。我的總投資報酬率為376.71%，年複成長率11.58%。這包含其間不斷地投入的資金，有薪資結餘，有信用貸款來的資金，有部分融資的買進。因此，當折扣掉所有的貸款利息、融資利息、交易及相關手續費以及匯兌損益之後，便得到相當純淨無雜質的總投資報酬率。

同期的台股大盤總漲幅為 147.85%，年複成長率 6.58%，被我打敗。

同期最能代表美股大盤的標普五百指數，總漲幅為 371.20%，年複成長率 11.49%，輸給我。我贏過美股大盤 1.48%，同年 4 月、5 月還持續領先，4 月 19 日股災日收盤時我還大贏到 6.12%，如表 0-1。

▼表 0-1：作者的成績單─總投資報酬率比較

	14.25 年總漲幅	年複成長率	2009 / 12 / 31 收盤價	2024Q1 收盤價（3 月底）
作者	376.71%	11.58%		
台股大盤	147.85%	6.58%	8,188.11	20,294.45
美股大盤（標普五百指數）	371.20%	11.49%	1,115.1	5,254.35

說明：2010 ～ 2024Q1，14.25 年。作者與台股大盤、美股大盤（標普五百指數）投資報酬率比較。
資料來源：作者整理

打敗大盤似乎沒什麼，但是在 SPIVA 網站，列出直到 2023 年底的 10 年間，美國有 87.42% 的主動管理基金輸給標普五百指數，只有 12.58% 贏大盤，如圖 0-1。拉長到 15 年間，美國更有 87.98% 的主動管理基金輸給標普五百指數，只有 12.02% 贏大盤，如圖 0-2。在《約翰柏格投資常識》一書中，舉出在 1970 ～ 2016 的 46 年間，美國的 350 檔股票共同基金，只有 10 檔明顯贏過標普五百指數，約 2.9%。難贏大盤啊！

一般共同基金和投資人要能「長期」打敗大盤，尤其是打敗資本主義極致的美股大盤，是多麼不容易的事。當然，我在學完巴菲特之後的投資歷程，只有 14.25 年，還不夠「長期」。但是，我相信，之後的人生旅程，我只要依循本書所揭櫫的理財觀念與投資技能，未來的投資報酬率不但能持續打敗美股大盤，甚至還能贏更多。

▲圖 0-1：近 10 年美國主動管理基金與標普五百指數績效比較。

資料來源：SPIVA 網站

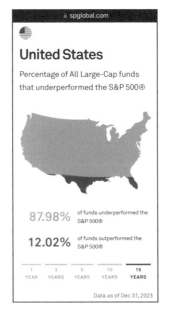

▲圖 0-2：近 15 年美國主動管理基金與標普五百指數績效比較。

資料來源：SPIVA 網站

這樣的成績單，夠讓我出版這本書來與你分享。

2022年自教職退休，本來這也沒什麼，畢竟之前的前輩學長姐也都這樣做：一到可以月退的年齡，馬上退休。可是，2018年年改之後，情勢不一樣了。尤其所得替代率大幅降低，近乎腰斬。周遭的同事到了「可退休的年齡」，突然都不太敢退休了，同學中也沒多少人退。我按時退休，竟讓大夥相當「佩服」！

感謝天主！雖然年改讓我很抱怨晚了一年半退，但到了退休的時刻，多年的理財投資竟讓我達到「初步」財務自由，敢於退休。所謂「初步財務自由」，是因為我還需要每個月有退休金入帳，才能財務充裕，過得如同在職薪資頂峰時期一般的支出生活。實際上退休後，花的錢反而勝過在職時。可能是在職最後3年遇上COVID-19疫情，沒出國又少逛街。現在，即使家人都「卯起來花」，還花得比過去在職時多。然而我的資產淨值又比退休當時漲了五成多，真的是天主恩賜！

我要解釋一下：財務自由不是發大財、變富翁，現在的我也沒有「發大財」，更沒有「變富翁」，而是你不用靠職業所得，就能「充裕地」維持家庭支出。你還是要避免犯下投資上的大失誤，避免過度消費，才能讓資產繼續增值，持續「充裕地」提供生活所需。

「邱老師：你現在才『初步』財務自由，那何時及有沒有可能『完全』財務自由？」

我認定的「完全財務自由」，是不用再靠任何退休金，也不用再為生計打拼賺錢，就讓每年的投資獲利可以「充裕地」，甚至更勝以往地供應生活所需。若我沒有更大的生活需求，如移民、買新房、買豪車；也沒有犯下投資上的大失誤，如亂賣手上的波克夏股票，或亂買其他的股票，那應該不出10年吧，就可以完全財務自由。當然，人生還長，還有許多內在和外在的變數，誰說得準呢？只有天主的恩寵必將常在，不管是風平浪靜還是驚濤駭浪，你我必能平安抵達。

　　就憑已達標初步財務自由，正邁向完全財務自由，這樣的里程碑，我想，我非常有資格跟讀者你分享：如何學習巴菲特理財，為何投資波克夏股票，以便邁入財務自由路。本書也算為我 14 年多，學習巴菲特，投資波克夏，踏上樂活路，作個見證吧！

　　趕快翻開下一頁仔細閱讀，也把本書推薦給你的親朋好友，我們一起走向財務自由大道。

「上主是我的牧者，我實在一無所缺。」（詠 23:1）

為何要學
巴菲特？

理解巴菲特之道，透視他卓越績效

巴菲特之所以被稱為「股神」，除了他卓越的投資績效外，
更可從他每年寫給股東信中透露出來的投資智慧得到印證。
或許說巴菲特的觀點及作為就是理財投資界的正道與標竿，
一點也不為過。

‖ 巴菲特如何選股？ ‖

股神巴菲特認為投資只需學會兩件事：
如何評估一家企業，以及如何看待市場價格。
就這麼簡單！大道至簡。

■ 如何評估這公司？

巴菲特投資要找符合以下三點的公司，不管是在股票市場買進它部分的股票，還是整個收購下這間公司：

1. 能夠理解且具耐久競爭力的公司。
2. 由誠實稱職經理人所管理的公司。
3. 可以用合理的價格買進。

簡單而不複雜的原則成就了股神霸業，這樣的選股條件，不但適用股神巴菲特的公司波克夏，也適用於每個股票投資的小散戶。

所以，你不用會技術分析，不用會看 K 線圖，也不用瞭解總體經濟，甚至不用天天看股市新聞，你只需要能夠瞭解，並且要透徹地瞭解你所要投資的公司。你只要能瞭解所要投資公司的 CEO 能力是否足夠，是否稱職於公司經營上，而且最重要的是，他是否能誠實面對股東。最後，你是否能在價格合理的時候買進這間公司的股票，長抱 10 年以上，就能得到好的投資回報。

聽起來很簡單，但實際的操作是怎麼樣？一般散戶投資人常常會搞不清楚投資的公司在做什麼。

「我知道台積電是做晶圓代工的啊！」「然後呢？」

「我知道它是先進製程啊！」「嗯哼。」

「我知道它已經做到 3 奈米了，正往 2 奈米、1 奈米前進。」

「那你知道得更詳細一點嗎？」「……」

「你能大概說出它的產品細節或者研發內容嗎？」「……」

「世界上那麼多晶圓代工廠，你知道它為什麼能領先群雄，獨占鰲頭嗎？」「……」

「你知道台積電要如何維持這樣的優勢，不讓競爭對手逼近，甚至超越嗎？」「……」

不只小散戶說不出來台積電的產品、研發內容和競爭優勢，就連所謂的股票分析師、產業分析師也不一定說得清楚，甚至我懷疑，台積電自己的工程師都說不清楚。這很合理！台積電上萬個工程師，每個人都只負責一小區塊的研發或產製，怎看得清楚整體、整個公司的內容呢？！更不用說，台積電為防止同業挖角、商業機密外流，不會讓少部分工程師就擁有能夠破解台積電競爭優勢的商業機密。

既看不懂台積電的競爭優勢，就出現了台積電股票在 2022 年 1 月份出現 688 元的天價後，股價回落到同年 10 月份 370 元的低點時，很多人都縮手不敢買進。因為下跌過程中，市場上充斥了對台積電未來不好的消息，如圖 1-1。

▲圖 1-1：台積電 2022 年 1 月出現 688 元天價後股價回落走勢圖。
資料來源：三竹股市

　　一般共同基金經理人常常操盤著旗下上百檔的股票，又怎能檔檔股票都「瞭若指掌」呢？巴菲特不一樣，他只買他能瞭解的公司。若他看不懂或很難懂的公司，他就不買，非常有紀律。而且這個公司還得具有耐久競爭力，不讓對手輕易超越。在 5 年、10 年甚至更久後，他所選擇的公司還得繼續成長，獲利爆發。

　　耐久競爭力且容易理解的公司很難找到，常常是萬中選一，例如可口可樂公司。巴菲特哈它很久了，更是常掛在嘴邊的「耐久競爭力」股票公司。但是，可口可樂股價向來不便宜，巴菲特只好先默默做著功課，研究它的競爭力。等到 1987 年，機會來了，可口可樂股價大跌，巴菲特一步步暗暗地把它買進來，連買了 7 年，買成現在波克夏股票投資組合第四大公司。這就是對耐久競爭力公司的評估與等待。

　　還記得我寫的第一本書《買進巴菲特，穩賺18%》要出版時，出版社問我：「你整本書只寫一檔股票波克夏，買這一檔股票需要看一整本書嗎？」我當時回答得很篤定：「是的。若沒有熟讀這一整本書，你買這檔股票就會抱不牢，就會三心兩意，隨市場波動而起舞，任意地買，任性地賣，失去長期抱好股賺大錢的機會。」

　　還有，你瞭解你所投資公司的 CEO 和各個管理高層嗎？你瞭解他們的董監事和所代表的利益集團嗎？你瞭解公司 CEO 的能力嗎？他能稱職地經營公司，並能把公司的潛力發揮出來嗎？最重要的是，他誠實嗎？他能完全誠實的面對股東嗎？他能不誇大其詞，務實面對問題嗎？常常一個能幹的 CEO，最可怕的就是他不誠實。若公司高層想要欺騙股東，有太多太多方式了，股東還真的會被蒙在鼓裡。

　　我自己曾經重倉一檔台股，還特別請假去參加他們的股東會。我準備了七、八個問題，股東會前先寄給他們，告訴他們我會問什麼。等到股東會當天才發現，只有兩位股東到場，一位當然是我，另一位是「職業股東」，專門來「鬧場的」。其他在場的，不是工作人員，就是法人代表，專門來投票的。也就是說，現在只有我一個真正的「個人股東」。我相當禮貌地問了會前寄來的問題，可是主持股東會的董事長好像不是很重視，他草草地回答我「精心準備」的問題，就匆匆地進入提案表決投票，快快地結束股東會。虧我還千里迢迢而來，特別請假盛裝出席。從這次「親自參與」的股東會中，我發現，這個董事長不太重視我們小股東，回答得馬虎，甚至還實問虛答。股東會後，我就清倉賣光他們家的股票。因為我個人股東的不被重視，小股東的權益也會不被重視，那怎麼能保障持股期間，不會發生那些出賣股東權益的事呢？

　　巴菲特和孟格最重視誠信！不但對朋友、對別人，對股東也是以誠信為第一優先。當然，這樣的自我要求也反應在買股和收購的公司上：公司 CEO 和經理人都必須是有誠信的人。誠實面對他人和股東，說話做事也要有信用，不誇大其詞，有一說一，務實面對。巴菲特和孟格對股東的誠信，表現在兩方面：

1. 只在每年股東大會中發布公司訊息，沒有法說會。這讓每個股東，不管是法人投信或是小散戶，獲得公司的訊息內容都一樣，時間也一樣，沒有誰多誰少、誰快誰慢的問題。

2. 股東大會開放所有股東都可以來問問題，不管持股多寡，不管職業，不分年齡，不分國籍。有一年股東大會就有個 8 歲小女孩問巴菲特，為什麼現在買股和收購的公司，從以前的輕資產公司變成重資產公司。這令巴菲特一時啞口，在努力解釋之後，巴菲特不忘開個小玩笑：「等妳長大 18 歲了，來公司任職吧！就投資部門。」。

即使小女孩股東的問題也不馬虎，雖然應該是她爸媽準備的問題，但這才是我們要找的公司，要找的 CEO。

■ 如何看待這價格？

你知道你要投資的股票應該值多少錢嗎？不是說它現在股價多少，股價是高還是是低，而是你知道它的「內在價值」值多少，讓你能以足夠「安全邊際」的價格，買進這檔股票。

「內在價值」是巴菲特提出的概念，它代表的意思是：「企業在其剩餘壽命中所能產生的現金，經過折現後的現價。」內在價值無法精確計算，只能大概預估。

前面說到台積電的股價，在 2022 年 1 月創高點後，直到 10 月份的低點，這一路崩跌過程中，投資人常常邊買邊後悔：「接得太早！」「往下攤平攤到躺平。」當然，最後悔的應該是買在 688 元的「大學長們」。所以，等到 2024 年 2 月份台積電股票一突破 700 元大關，「688 大學長們」應該大喜下樁，畢竟套牢套太久了。誰又想到接下來在同年 4 月 12 日，台積電又創下 826 元的股價歷史新高，市值成為當時全球第九大公司。

「對！我知道你有『猜到』。但是，你沒有『篤定的』先『大量』買進台積電的股票。」

這樣的操作，是因為你看得到台積電的「股價」，你看不到也看不懂台積電的「內在價值」。

前面提到，內在價值是企業在其剩餘壽命中所能產生的現金，經過折現後的現價。但，問題來了，以台積電為例：你知道台積電這家公司可以存活到什麼時候嗎？你知道台積電的成長獲利哪時候會開始下降嗎？你知道面對全球激烈的競爭，台積電的競爭優勢還能存續多久嗎？你可能會說：科技產業競爭這麼激烈，隨時都有破壞式創新的新產業、新公司出現，我怎麼能預期台積電未來的獲利，並折算出它內在的價值呢？

所以，這就是巴菲特所說的「在你能力圈內選股」的策略。只在簡單、能明瞭、能耐久性產業的公司裡選股投資，這樣才能真正的估算出它的內在價值。唯有瞭解公司的內在價值，並買在遠低於內在價值的價格之下，你才能忍受股市的動盪，不畏外在各式觀點與言論的風雨，耐心等待價格的上漲。

我自己後來發展出，如何評估波克夏股票內在價值與合理買進價格的方法，這讓我不再被牛熊市飆漲暴跌的股價所影響。後面再來說說我的方法。

巴菲特收購公司時，會開給對方一個收購價，是他認為「合理的」收購價。然後我猜你會說：接下來就是「討價還價」的時候？不，巴菲特不接受討價還價。他開出的就是「不二價」。這是因為他已經做足功課，核算出來所要收購公司的「內在價值」，在保有足夠的「安全邊際」下，開出他認為「合理的」收購價格。

所以，你要買進股票時，對於要多少錢以內買進，你該「心有定見」，你該「胸有成竹」，篤定要買的價格「合理」。這樣，買入股票之後，才不會遇到股價下跌而心慌、而後悔、而急於拋售，錯失未來十年的價值成長。

　　葛拉漢說：「並非別人同意你的看法，就代表你一定是對的。而是當你根據正確的事實做正確的判斷時，你才是對的。」

　　因此，學習巴菲特如何選股，才是開啟股票投資正道的關鍵。接下來，本書就帶著你如何「學巴菲特評估好股票」吧！

「縱使我應走過陰森的幽谷，我不怕凶險，因你與我同在。」（詠 23:4）

‖ 巴菲特學問基礎 ‖

■ 葛拉漢（Benjamin Graham）「價值投資」

價值投資之父葛拉漢，是巴菲特在哥倫比亞大學就讀時的恩師，也是他畢業後就職投資事業時的老闆。巴菲特之所以被稱為價值投資者，就是源於恩師葛拉漢。

葛拉漢教給巴菲特三個觀念：
1. 股票是你擁有公司部分的權利。
2. 你要有安全邊際。
3. 市場先生是你的僕人，不是主人。

葛拉漢將當時市場上把股票當作「任意買賣的一張紙」觀念導正，提出股票實際上是你擁有公司的部分權利，你應探究的是這家公司的價值，而不是市場上風吹草動的消息，這個觀念依然適用於現在。雖然一百多年過去了，市場上依舊追逐各種消息，並以技術分析的方式來解讀，投資人仍然把手中股票當作一個可以任意買賣的「電子紙」。

葛拉漢教導巴菲特，投資股票時要區分出「價格」和「價值」兩種不同的概念：「價格是你所付出的，價值是你所得到的。（Price is what you pay, value is what you get.）」

買進股票，一定要是「股票的價格低於價值」時，而且要低到有足夠的「安全邊際」，才有獲利的可能。同理，賣出股票時，一定要是「股票價格高於價值」，這樣才划得來。

有人要求葛拉漢：用 3 個字說出他的核心投資觀。葛拉漢回答：「Margin of Safety（安全邊際）」。所以，師承葛拉漢的巴菲特，投資非常注意買進價格是否留有足夠的安全邊際，相對其價值。

巴菲特一生都把葛拉漢的價值投資掛在嘴邊，不過更擴充了葛拉漢的「價值」概念為「內在價值」。內在價值是企業在其剩餘壽命中所能產生的現金，經過折現後的現價。它無法精確計算，只能大概預估。

葛拉漢在他影響巴菲特至深的名著《智慧型股票投資人》裡，創造了一個「市場先生」的代表性人物。市場先生在葛拉漢書中的文字不多，但巴菲特寫給股東的信中，卻把他形容得微妙微俏，你我都應該讀讀看：

「你應該將市場上的報價想像成由一個幾乎沒有主見的傢伙所提出的，這個傢伙叫做『市場先生』，他跟你就像是一家私人公司的合夥人。市場先生每天都會出現，並且提出一份報價，他不是要收購你手中的持股，就是想把手上的股票賣給你。

「雖然你們共同擁有的公司可能具有穩定的經濟特質，但是市場先生的報價卻絕對不會是穩定的。因為說來悲哀，這位可憐的傢伙罹患了無可救藥的情緒疾病：有時候他極度樂觀，眼中只看到對你們的公司有利的影響因素，在這個情緒下，喊出的買價和賣價會非常高，因為深怕你將他手中的股票搶購過去，剝奪唾手可得的利益；有時候他會感到很沮喪，認為你們的公司以及整個世界的未來充滿了困難，在這種情緒下，他會報出非常低的價格，深怕你將手中所有的股票全部賣給他。

「市場先生還有另一個很可愛的特性：他不在乎受人冷落。如果你對他今天所報出的價格不感興趣，明天他還是會繼續報價，而要不要交易則完全由你來決定，在這種情況下，只要他愈驚慌沮喪，情況就會對你越有利。

「市場先生只能為你服務,並不能指導你,你只能寄望賺他的錢,但不能仰賴他的智慧。如果有一天他顯得特別愚蠢,你有自由可以選擇不理會他或是占他的便宜,但如果你受到他的影響,結果可能是個災難。如果你無法確認是否比市場先生更瞭解自己的事業,且更懂得如何評估自己的事業,你根本就不應該淌這趟混水。」[1]

透過市場先生的比喻,葛拉漢又告訴了巴菲特關於股價波動的至理名言:「股價短期內是投票機,長期卻是體重計。」短期間內股價的波動,是市場投資人情緒起伏的綜合結果。長期間股票會上漲或下跌,卻是公司內在價值的增減。

這好比「醉漢與狗」的理論:酒吧喝完酒的醉漢(公司內在價值)要回家,一路走來歪七扭八。他帶出門的狗(股價)也要隨他回家,卻沒拴,一路東鑽西蹦,常常看不到。可是好奇心大的狗狗(股價),最終還是會跟隨醉漢(公司內在價值)回到家。

■ 費雪(Philip Fisher)「非常潛力股」

費雪的名著《非常潛力股》,提出要找到具有非常潛力的卓越公司,買入長抱,非不得已不要賣出,透過與公司長期一起卓越的成長,獲得不凡的投資報酬率。費雪在書中提出了 15 種選股的方法,其中第 15 點講到要看公司經理人是否有「誠信」,尤其是對股東。如果公司經理人要欺騙股東或不利股東,他有太多的方式可以偽裝起來,讓股東無從知悉。若無誠信,任它公司再好再賺錢,也不要投資它的股票。

巴菲特形容說:「我一看完這本書,就去找費雪,見過面後,折服於他的投資理念。」

註1: 摘錄自張淑芳譯,勞倫斯・康寧漢編著(2008):巴菲特寫給股東的信。台北市:財信。

巴菲特也利用費雪的方式，探究一間公司是否值得投資。尤其是去問競爭對手：有哪一間公司可以對你造成最大的傷害，讓你無法與它競爭。

費雪不同於葛拉漢的觀點：

1. 選股不能只看重「量」的財報分析，而要更看重「質」的公司內部競爭力的分析。
2. 葛拉漢講究「分散投資」，至少要持有 30 檔以上的股票。費雪則反對過度強調分散投資，可慢慢把股票集中投資到少數幾家公司。

因此，巴菲特說：「我有 15% 像費雪，85% 像葛拉漢。」可見費雪對他當時的影響。

■ 孟格（Charles Munger）「買卓越公司」

在 2023 年度巴菲特給股東信中，形容孟格對他「既是兄長又是慈父」。巴菲特比喻 2023 年 11 月 28 日百歲高齡過世的孟格，是今日卓越波克夏公司的建築師，而他只是個總承包商。特別的是 2024 年波克夏股東大會，會前用了 30 分鐘的時間，播放影片回憶並感恩孟格這位波克夏偉大建築的建築師。

在巴菲特以葛拉漢「雪茄屁股選股法」，買進當時夕陽產業的紡織公司波克夏後，孟格以其智慧協助巴菲特，將波克夏轉型為今日的金融控股公司。孟格勸告巴菲特說：「忘掉你所知道『以絕妙的價格購買一般的公司』，應以『合理的價格購買卓越的公司』（Forget what you know about buying fair business at wonderful prices; instead, buy wonderful business at fair prices.）。」

孟格的投資理論為：股價合理的卓越公司勝過股價便宜的平庸公司。因為卓越公司的成長性，讓它的價值不限於現在所分析出來的，未來股價自然會隨著公司價值水漲船高。而平庸公司即使再廉價也不值得買進，因為它的問題將繼續損耗公司現有的資產。這觀點，讓巴菲特走出葛拉漢雪茄屁股選股法的投資困境。

孟格投資理論：股價合理的卓越公司勝過股價便宜的平庸公司

孟格又把費雪的「把股票集中投資到少數幾家公司」，做到更極致的「集中投資」。孟格說：「在美國，一個人或機構，如果用絕大多數的財富，長期投資於三家優秀的美國公司，那麼絕對能夠發大財。進一步說，我認為，在某些情況下，一個家族或一個基金用 90% 的資產來投資一支股票，也不失為一種理性的選擇。」[2]

就像孟格常呼籲的：一生只做極少數的投資決策，才能避免犯下嚴重錯誤。投資決策愈少，品質愈好。因為好的投資機會不多。「在 98% 的時間裡，我們對股市的態度是：保持不可知的態度。」「波克夏最好的投資是集中在少數幾支股票上。」

孟格認為，在某些情況下，一個家族或一個基金用 90% 的資產來投資一支股票，也不失為一種理性的選擇。

對於投資股票，孟格的觀點是「徹底研究，堅守原則，等待機會，奮力出擊」。這是你我必學的巴菲特主義價值投資觀啊！

正如孟格說的：「只要做好準備，在人生中抓住幾個機會，迅速採取適當的行動，去做簡單合乎邏輯的事，這輩子就能得到很大的財富。一旦機會來臨，如果勝算高，那麼利用過去的謹慎和耐心得來的資源，重重押注下去就對了。」

孟格很重視行為財務學，他認為投資心理常常影響了投資決策，更波及到投資報酬率。這種對人性的探究、省思與警惕，更是影響了巴菲特的投資。

註 2：摘錄自李繼宏等編譯，查理·蒙格著，彼得·考夫曼編（2011）：窮查理的普通常識。台北市：城邦文化。

　　巴菲特對孟格的讚譽從不嫌少：「葛拉漢教導我撿便宜，但孟格告訴我不能只是撿便宜。他對我的影響在此：需要有強大的力量，才能讓我跨出葛拉漢有限的視野。那正是孟格心智力量，他擴大了我的眼界。」

　　「趁上主可找到的時候，你們應尋找他；趁上主還在近處的時候，你們應呼求他。」（依 55:6）

‖ 巴菲特投資績效 ‖

　　巴菲特的爸爸開證券行，所以巴菲特從小就接觸股票投資。他在 11 歲半的時候第一次買股票，之後什麼投資觀念都接觸，直到他研究所成為價值投資之父葛拉漢的學生，才開始價值投資股票之路。他碩士畢業後到葛拉漢的公司從事投資工作，後來葛拉漢關閉了公司，他才開始自己獨立經營投資事業。

◾ 巴菲特合夥公司 BPL

　　1956 年巴菲特邀了親朋好友，成立巴菲特合夥公司（Buffett Partnership, Ltd.）。巴菲特依據葛拉漢的教導，採取符合安全邊際的方法，透過套利交易和買進大量部位股權，得到公司控制權的價值投資。他這時的績效是：自 1957 年～ 1969 年，共 13 年，公司成長了 2,794.9%，也就是 28 倍，年複成長率達到 29.5%，如表 1-1，超強的！

▼表 1-1：巴菲特合夥公司 13 年投資績效

巴菲特合夥公司

年	道瓊指數 表現 (%)	Partnership 表現 (%)	Limited Par tners' 表現 (%)
1957	-8.4	10.4	9.3
1958	38.5	40.9	32.2
1959	20.0	25.9	20.9
1960	-6.2	22.8	18.6
1961	22.4	45.9	35.9
1982	-7.6	13.9	11.9
1963	20.6	38.7	30.5
1994	18.7	27.8	22.3
1985	14.2	47.2	36.9
1966	-15.6	20.4	16.8
1967	19.0	35.9	28.4
1988	7.7	58.8	45.6
1969	-11.6	6.8	6.6

累積或複利的表現

1957	-8.4	10.4	9.3
1957-58	26.9	55.6	44.5
1957-59	52.3	95.9	74.7
1957-60	42.9	140.6	107.2
1957-61	74.9	251.0	181.6
1957-62	61.6	299.8	215.1
1957-63	94.9	454.5	311.2
1957-64	131.3	608.7	402.9
1957-65	164.1	943.2	588.5
1957-66	122.9	1156.0	704.2
1957-67	165.3	1606.9	932.6
1957-68	185.7	2610.6	1403.5
1957-69	152.6	2794.9	1502.7
獲利年率	7.4	29.5	23.8

說明 1：如黑框，1957 年～ 1969 年，共 13 年，公司成長了 2794.9%，年複成長率 29.5%。
說明 2：如紅框，1957 年～ 1964 年，共 8 年，公司成長了 608.7%，6.087 倍。
資料來源：《智慧型股票投資人》

這期間所採用的控制權價值投資法，是聯合其他股東或發動委託書大戰，買進公司的大部分股權，企圖掌握公司經營權或者影響公司，重整後再高價賣出或清算下市；這又稱「雪茄屁股」選股法。雪茄屁股，形容便宜低價並被遺棄的股票，就像在路邊看到的雪茄煙蒂。葛拉漢認為，去找出這些無味的雪茄屁股，把它們點著，吸上最後的一口，還能獲得公司最後的清算價值。

可是巴菲特卻「一不小心」買下了波克夏‧海瑟威紡織公司。本來想清算掉，卻遭到當地社區的極力反對，只好硬著頭皮繼續經營下去。

這期間巴菲特提出了一個「荒島投資法」，這成了我現在主要的投資觀點：如果你像魯賓遜一樣漂流荒島 10 年，你會在此之前投資什麼標的，在你返回文明世界之後致富？那肯定是要具有耐久競爭力，成長獲利不會受到時間侵蝕的偉大標的啊！巴菲特當時的答案是「道瓊公司」。若放到現在來看，我想他若不是說「波克夏股票」，就是「標普五百指數基金」。本書後面會再討論。

■ 波克夏‧海瑟威（Berkshire Hathaway）

波克夏‧海瑟威（簡稱波克夏），兩間歷史悠久的美國紡織公司，雖然合併，仍走入夕陽產業，股價低迷。巴菲特在 1965 年，用雪茄屁股選股法把它買下，終於在孟格的協助下，將它轉型為「金融控股公司」，並把總部搬回巴菲特家鄉奧馬哈，成為之後 60 年來，巴菲特主要的投資事業。

波克夏 2023 年度年報，第 17 頁記載了波克夏公司自 1965 ～ 2023 年，59 年來股價漲了 4.3 萬多倍，年複成長率達 19.8%，如表 1-2。同時期的標普五百指數才漲了 312 倍！

跟著巴菲特猛賺 4.3 萬倍

▼表 1-2：波克夏 59 年投資績效。

	Berkshire's Performance vs. the S&P 500	
		Annual Percentage Change
Year	in Per-Share Market Value of Berkshire	in S&P 500 with Dividends Included
1965	49.5	10.0
1966	(3.4)	(11.7)
1967	13.3	30.9
1968	77.8	11.0
1969	19.4	(8.4)
1970	(4.6)	3.9
1971	80.5	14.6
1972	8.1	18.9
1973	(2.5)	(14.8)
1974	(48.7)	(26.4)
1975	2.5	37.2
1976	129.3	23.6
1977	46.8	(7.4)
1978	14.5	6.4
1979	102.5	18.2
1980	32.8	32.3
1981	31.8	(5.0)
1982	38.4	21.4
1983	69.0	22.4
1984	(2.7)	6.1
1985	93.7	31.6
1986	14.2	18.6
1987	4.6	5.1
1988	59.3	16.6
1989	84.6	31.7
1990	(23.1)	(3.1)
1991	35.6	30.5
1992	29.8	7.6
1993	38.9	10.1
1994	25.0	1.3
1995	57.4	37.6
1996	6.2	23.0
1997	34.9	33.4
1998	52.2	28.6
1999	(19.9)	21.0
2000	26.6	(9.1)
2001	6.5	(11.9)
2002	(3.8)	(22.1)
2003	15.8	28.7
2004	4.3	10.9
2005	0.8	4.9
2006	24.1	15.8
2007	28.7	5.5
2008	(31.8)	(37.0)
2009	2.7	26.5
2010	21.4	15.1
2011	(4.7)	2.1
2012	16.8	16.0
2013	32.7	32.4
2014	27.0	13.7
2015	(12.5)	1.4
2016	23.4	12.0
2017	21.9	21.8
2018	2.8	(4.4)
2019	11.0	31.5
2020	2.4	18.4
2021	29.6	28.7
2022	4.0	(18.1)
2023	15.8	26.3
Compounded Annual Gain - 1965-2023	19.8%	10.2%
Overall Gain - 1946-2023	4,384,748%	31,223%

Note: Data are for calendar years with these exceptions: 1956 and 1966, year ended 9/30; 1967,15 months ended 12/31.

說明：1965 ～ 2023 年，共 59 年。紅框，波克夏股價漲了 4.3 萬多倍，年複成長率 19.8%。黑框，同期標普五百指數漲 312 倍，年複成長率 10.2%。

資料來源：波克夏 2023 年度年報

難怪有新聞標題寫：「波克夏股價即使崩跌了99%，依舊贏過標普五百指數」。

2024年2月26日波克夏A股漲到最高價647,039美元，因此若再加上這個2024年初以來的19.21%股價漲幅（如圖1-2），我告訴大家：波克夏近60年來股價已漲了5萬多倍！

▲圖1-2：波克夏A股2024年新高股價當年成長19.21%。

說明：從2023年底波克夏A股收盤價542,775美元，到2024年2月26日波克夏A股歷史新高價647,039美元，股價成長了19.21%。

資料來源：三竹股市

更多波克夏公司的細節，我們將在下一章繼續討論。

■ 巴菲特的總績效

我們來看看巴菲特的總投資績效：

- 1957 年他 27 歲開始巴菲特合夥公司（BPL），到 1964 年他 34 歲為止。8 年間，巴菲特合夥公司成長了 608.7%，6.087 倍（如表 1-1）。
- 1965 年他 35 歲開始經營波克夏公司，到 2023 年他 93 歲為止。59 年間，波克夏公司成長了 4,384,748%，43,847.48 倍（4.3 萬倍）（如表 1-2）。
- 2024 年他 94 歲，從前一年，2023 年底的波克夏 A 股收盤價 542,775 美元，算到 2024 年 2 月 26 日波克夏 A 股股價歷史新高點的 647,039 美元，波克夏股價成長了 19.21%（如圖 1-2）。

這 3 個階段績效相乘，得出 68 年來，巴菲特的投資績效 37,044,905%。也就是說，從巴菲特 27 歲正式獨掌投資到他 94 歲高齡，共 68 年的時間，他的投資成長了 37 萬倍！真是前無古人啊！難怪被稱作「股神」。

巴菲特 68 年總績效，投資成長了 37 萬倍！

「凡口渴的，請到水泉來！那沒有錢的，也請來吧！請來買不花錢、不收費的酒和奶！」（依 55:1）

‖ 你能打敗巴菲特？ ‖

我的第一本書曾提到「打敗巴菲特的投資策略」：就是持有至少 1/3 ～ 2/3 波克夏股票，再用剩餘的資金買其他股票來打敗巴菲特。書中寫到，這種投資組合進可攻、退可守。

這些年，我就是用這種投資策略試圖打敗巴菲特。但我有沒有打敗巴菲特？

從我 EMBA 畢業的 2010 年開始，到 2024 年 3 月底，共 14.25 年。我的總投資報酬率為 376.71%，年複成長率 11.58%。這包含其間不斷地投入的資金，有薪資結餘、有信用貸款資金與融資買進資金，當折扣掉所有的貸款利息、融資利息、交易及相關手續費以及美元匯兌損益後，形成的總投資報酬率。

同期波克夏 B 股股價總漲幅為 539.87%，年複成長率 13.91%，遠遠贏過我！

同期最能代表美股大盤的標普五百指數總漲幅為 371.20%，年複成長率 11.49%，輸給我。然而，標普五百指數跟我一樣，也遠遠輸給波克夏和巴菲特。我之所以能贏美股大盤 1.48%，多虧了投資組合以絕大比例持有波克夏股票。

　　同期的台股大盤總漲幅為 147.85%，年複成長率 6.58%，輸給我，也輸給美股大盤，以及輸給了波克夏和巴菲特（如表 1-3）[3、4、5]。

▼表 1-3：波克夏 B 股、作者與大盤的總投資報酬率比較

	14.25 年總漲幅	年複報酬率	2009/12/31 收盤	2024Q1 收盤（3 月底）
作者	376.71%	11.58%		
波克夏 B 股	539.87%	13.91%	$65.72	$420.52
標普五百指數	371.20%	11.49%	1,115.1	5,254.35
台灣加權指數	147.85%	6.58%	8,188.11	20,294.45

說明：2010 ～ 2024Q1，14.25 年。作者與波克夏 B 股、美股大盤（標普五百指數）、台股大盤的投資報酬率比較。

資料來源：作者整理

　　最搥心肝的是，我在 2011 年 4 月第一次買波克夏股票，當年還大筆買到了均價 79.5 美元的波克夏 B 股，若算到 2024 年 3 月 28 日收盤 420.52 美元都不賣的話，投資報酬率可達到近 430%，4 倍多的投資報酬。這一大筆波克夏股票隔年初卻被我清倉了，當時打的如意算盤是要波段操作。真是懊惱當時沒有「全抱住」一股腦兒買滿買足的波克夏 B 股，錯失了人生早日財務自由的大好良機！

　　目前的我，投資組合只剩下波克夏股票。

註 3：美股第一季的最後交易日為 3 月 28 日，3 月 29 日週五為耶穌受難日，美股休市，美股第一季底算到 2024 年 3 月 28 日收盤。台股 3 月 29 日週五有交易，台股第一季底算到 2024 年 3 月 29 日收盤。

註 4：2009 年 12 月 31 日收盤價：BRK.B = 65.72 美元，標普五百指數 1,115.1 點，台灣加權指數 8,188.11 點。

註 5：美股 2024 年 3 月 28 日收盤價：BRK.B = 420.52 美元，標普五百指數 5,254.35 點。台股 3 月 29 日收盤價：台灣加權指數 20,294.45 點。

　　你呢？算一算同期你的投資報酬率，與波克夏股價漲幅相比，你有打敗巴菲特嗎？計算時間要拉長，最好 10 年以上比較，才有意義。

　　或許你最近買到飆股，投資報酬率非凡，大敗巴菲特，正春風洋溢。但是，投資之路漫長，是從你開始投資到你離世之時。你可以靜下心來，一路比較，真的「長期來看」有打敗巴菲特嗎？

　　即使短期間內因為股價的波動，讓波克夏股價暫時低迷，巴菲特卻提醒我們說：「短期價格的波動，可能掩蓋了波克夏長期價值的增長」。

　　2024 年的我，已經放棄「打敗巴菲特」，而是選擇「與巴菲特和波克夏這個超級大贏家為伍，共創價值」。

　　我已經放棄「打敗巴菲特」，而是選擇「與超級大贏家巴菲特和波克夏為伍，共創價值」。

「天國又好像一個尋找完美珍珠的商人；他一找到一顆寶貴的珍珠，就去，賣掉他所有的一切，買了它。」（瑪 13:45~46）

‖ 股神不神輸大盤？ ‖

　　近 10 年、近 5 年來，標普五百指數的漲幅逐漸拉近波克夏股價漲幅，甚至有些時段的漲幅還超越波克夏。買進低成本被動式標普五百指數型基金的觀念，逐漸被大眾所認可，於是就有這樣的聲音出現：

　　「波克夏規模太大，難高速成長，甚至因保守的財務結構，公司成長終將落後大盤。」

　　「標普五百指數擁有現今主流的高科技股，獲利跟股價漲幅，都非擁有『耐久競爭力』產品與服務的波克夏能比？」

　　「股神巴菲特寶刀已老了，接班人難再創新局，讓股價出現『大漲』的機會。」

　　大夥不禁要問：「難道投資巴菲特的波克夏，真的不如投資『江山代有才人出，一代新人換舊人』，不斷更新投資組合的標普五百指數基金了嗎？」

　　真的是如此嗎？我們來算算看。

　　我們以 10 年和 15 年的股價和大盤漲幅來比較，終點都設在 2024 年第一季末收盤（3 月底），如註 3，10 年的起點設在 2014 年 3 月 31 日週五收盤（第一季末），15 年的起點設在 2009 年 3 月 31 日週二收盤（第一季末）。我們分別比較波克夏 B 股（BRK.B）、標普五百指數（美股大盤）和台灣加權指數（台股大盤）的漲幅和差距，如表 1-4。

▼表 1-4：波克夏 B 股 10 年與 15 年股價和大盤漲幅比較

	2024Q1 收盤（3 月底）	2014Q1 收盤（3 月底）	2009Q1 收盤（3 月底）
波克夏 B 股收盤價	$420.52	$124.97	$56.40
波克夏 B 股總漲幅		236.50%	645.60%
標普五百指數收盤點數	5,254.35	1,872.34	797.87
標普五百指數總漲幅		180.63%	558.55%
波克夏贏標普五百指數		+30.93%	+15.59%
台灣加權指數收盤點數	20,294.45	8,849.28	5,210.84
台灣加權指數總漲幅		129.33%	289.47%
波克夏贏台灣加權指數		+82.86%	+123.03%

說明：以 10 年和 15 年的波克夏股價和大盤漲幅來比較，終點都設在 2024 年第 1 季末收盤（3 月底），10 年的起點設在 2014 年 3 月 31 日週五收盤（第 1 季末），15 年的起點設在 2009 年 3 月 31 日週二收盤（第 1 季末）。

資料來源：作者整理

10 年的漲幅：波克夏 B 股漲了 236.50%，標普五百指數漲了 180.63%，台灣加權指數漲了 129.33%。波克夏贏過標普五百指數 30.93%，贏過台灣加權指數 82.86%。

15 年的漲幅：波克夏 B 股漲了 645.60%，標普五百指數漲了 558.55%，台灣加權指數漲了 289.47%。波克夏贏過標普五百指數 15.59%，贏過台灣加權指數 123.03%。

傳言不攻自破！波克夏股價漲幅，不管是 10 年還是 15 年，都完勝美股大盤和台股大盤。時間拉得愈久，歷經更多牛熊市，贏得愈多。

我們來分析看看，股神巴菲特操盤的公司波克夏競爭力在哪？

波克夏子公司有保險集團，提供源源不絕的浮存金；有受政府監管的 BNSF 和 BHE 子公司，能不受景氣榮枯的影響，提供源源不絕的基本獲利資金給母公司，還具有各自發債的能力；另有其餘形形色色的子公司，一則透過大幅增長，為母公司成長貢獻獲利，二則維持基本的獲利水平，也為母公司波克夏持續挹注資金。這就是為什麼波克夏的現金儲備和保險浮存金愈來愈龐大的原因。

另外，波克夏的股票投資組合，除了成長獲利外，具有相當大的「危機入市買進」、「適時獲利了結」與「買錯認賠出脫」的彈性，讓波克夏充裕的資金隨時可進可出。選股策略也隨著巴菲特不斷地學習而演化，將來更有繼任的 CEO 與投資經理，繼續再學習、再演化的成就。

股災來臨時，為個股與大盤是個災難，因為股價會大幅受挫。為波克夏，卻是「危機入市、逢低買進」的時候，是個再次充實公司內在價值千載難逢的機會。雖然表面上波克夏股價依然會跟著大盤下跌，但內在價值反而增長。股災常常是資源重分配的時候，巴菲特和波克夏從不放棄這個「大補帖」，好讓自己吃飽飽，搭上另一波增長的順風車。

巴菲特曾說過：在牛市，波克夏股價漲幅可以跟上大盤走勢；在熊市，波克夏相對大盤和個股則能抗跌。

若以長期投資複利計算，投資標的若「大漲大跌」與「平穩上漲」相比，前者的總報酬率是輸後者的。波克夏偏向後者的模式。

你看，不像外界傳言，股神和波克夏還沒輸大盤。

波克夏股價，牛市跟上大盤，熊市更能抗跌。

「天國好像是藏在地裡的寶貝；人找到了，就把它藏起來，高興地去賣掉他所有的一切，買了那塊地。」（瑪 13:44）

Chapter 2

投資就買
波克夏！

各方探索波克夏，方能抱牢賺大錢

波克夏公司在 1965 年被巴菲特接掌後，59 年過去，到 2023
年底，它的股價漲了 4 萬多倍，同期的美股大盤標普五百指
數只漲了 3 百多倍。這期間，波克夏股東們莫不賺的盆滿缽
滿，因此才說：投資就買波克夏！

但是，單單投資一檔股票安全嗎？它有哪些異於它股之處？
本章從波克夏的財務安全性、控股內容、接班問題談起，再
以最佳的買進方式和投資評估細聊，最後審視波克夏的未來
是否還值得繼續投資。

‖ 波克夏成長績效 ‖

　　1965 年巴菲特接掌波克夏・海瑟威公司。在此之前，波克夏和海瑟威是兩家美國東北部的「老」紡織公司，合併為了規模更大，但依舊是美國的夕陽產業。巴菲特逐步將它轉變成「控股公司」。

　　在此之後，巴菲特透過控股公司的波克夏逐步收購卓越公司，如耐久競爭力的時思糖果公司（See's Candies）等製造、服務與零售業子公司；收購國家賠償公司（National Indemnity Company）後，建立了自己龐大的保險事業子公司群，甚至成立了自己的再保公司；繼而再收購需受政府監管的鐵路和能源子公司。除此之外，巴菲特還透過波克夏在股票市場買進優秀公司的股票，如美股市值最大的蘋果公司股票，還有美國資產第二大銀行的美國銀行股票，以及耐久競爭力的美國運通和可口可樂股票。

■ 一甲子成 5 萬倍

　　波克夏到 2023 年的 59 年裡，股票漲了 4 萬多倍。若算到 2024 年的 2 月，波克夏不只在過去近一甲子的時間成長 5 萬倍，它未來還將繼續成長下去。眼下找得到最長的股價走勢圖也只有 40 年，自 1984 年底至今，走勢陡峭，就成長了 400 多倍，如圖 2-1。巴菲特形容波克夏這種超凡的表現，是搭上「美國順風車」。

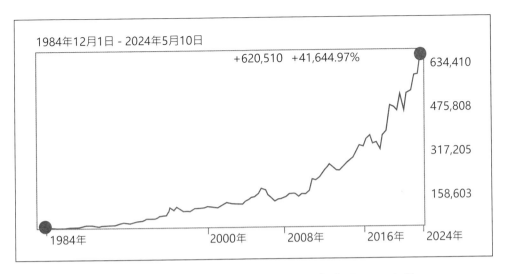

1984年12月1日 - 2024年5月10日

+620,510　+41,644.97%

634,410

475,808

317,205

158,603

1984年　　　　2000年　　　2008年　　　2016年　　2024年

▲圖 2-1：波克夏 A 股自 1984 年底至今成長 400 多倍。

資料來源：Yahoo Finance

何謂美國順風車？

　　美國的民主政治是世界的領頭羊，這樣的制度能夠不斷「除錯更新」，時時糾正錯誤，不犯致命的過錯。美國自由開放，歡迎各式各樣的思想與創新，讓美國的產業不斷迸發出領先全球的新思維、新產業。美國學術界自由開放且面對全世界，吸引全球人才加入，在原先厚實的學術基礎上不斷精進，這補足了產業所需創新的養分。美國掌握二戰後全球的儲備貨幣發行、糧食主要供給、能源價格主導權，這讓美國的經濟能不斷地有資金的投入、資源的協助，汰弱換強，不斷成長。代表美國經濟的美股亦然。代表資本主義極致的美股，特別保障股東權益，保障投資人權益，這讓全球資金非常喜歡投資美股。魚幫水，水幫魚。而波克夏這個金融控股公司，投入最大資金的市場就是美國。

　　所以，美國持續地壯大，美國經濟就會持續地成長，美股也會持續地走高。波克夏投資美國、投資美股，就能搭上美國這個順風車。

孟格在 2015 年度波克夏 50 週年的年報上，特別分析波克夏今日成就的成因：

1. 巴菲特本人具有好學不倦、成長精進的特質，能適應時代潮流，更新選股能力。
2. 波克夏體系具有建設性的特質，能讓子公司經理人誠信、稱職且認真地為公司打拼。
3. 好運氣，包括搭上美國順風車。
4. 來自一些股東、崇拜者和媒體，極其強烈、極具感染力地投入與奉獻，型塑了今日股東如同合夥人的公司文化。

這些因素不斷推進波克夏成長，不斷為股東創造更多的價值。

2022 年度給股東信中，巴菲特也歸結了幾個波克夏成功的要素：

1. **保留盈餘再投資**。就是不發股利，由公司和巴菲特來運用，投資獲利，成效不斐。
2. **投資複利的威力**。波克夏奉行長期投資的策略，伴隨收購或買進卓越公司股票，一同長期大幅成長，形成波克夏的複利效果。
3. **避免重大的錯誤**。投資失誤，尤其重大的失誤常常是致命傷，巴菲特和孟格盡全力避免。透過買進偉大公司、不買平庸公司的思維，避免了重大失誤。廚房的蟑螂不會只有一隻。
4. 最重要的是**搭上美國順風車**。巴菲特說：「沒有波克夏，美國仍然會很好。反之，則不然。」

波克夏高成長的績效，常常受到各方「高標準」的審視，信評機構就這樣做。2016 年波克夏股東大會，有股東提問：「為何信評機構對波克夏的信評不高？」

這時孟格搶答：「他們是錯的！信評評價的標準不夠正確。」

孟格的說法是：一般基金投資經理人選擇投資標的時，過度依賴信評機構的信評等級。然而，信評人員也只是雇員，誰能說他們就有徹底研究過信評標的呢？誰能說他們對信評標的分析就洞若觀火、慧眼獨具呢？尤其對波克夏，信評人員的研究夠徹底嗎？分析夠鞭辟入裡嗎？別說他們無法跟巴菲特和孟格相比，就連波克夏的資深股東們也比他們瞭解地更深。

孟格再補充了一句：「他們是錯的！對波克夏，信評的評價不夠正確。」

就是啊！59 年股價漲了 4 萬多倍，大勝同期標普五百指數 300 多倍漲幅，加上 2024 年的成長將達到 5 萬倍的漲幅。你隨便將一筆錢乘以 5 萬倍是什麼數字？例如，60 年前爺爺用新台幣 1 萬買了這樣的投資標的，如今留給你當遺產時，價值已經高達新台幣 5 億了。你我能無視波克夏的成長績效嗎？

倚天劍加屠龍刀

從績效看，波克夏為投資人就恍若「武林至尊」的寶刀屠龍。那有「誰與爭鋒」的倚天劍嗎？

最近有本書《洞悉市場的人》提到所謂量化交易之父吉姆‧西蒙斯（Jim Simons）。他創立文藝復興公司，旗下的大獎章基金，從 1988 ～ 2018 年，號稱平均年複成長率高達 66.1％，即使扣除基金收取的各項費用後，也號稱高達 39.1％，更號稱勝過巴菲特。據說，他的投資方法是聘請頂尖數學家、物理學家與電腦工程師，藉由蒐集市場各項數據發展出一套演算法，找到買進與賣出的交易訊號，讓機器自動交易。

它就是武林傳言的倚天劍嗎？

1. 據說，這間文藝復興公司的員工都簽有保密協議，不可對外公開公司事務，而西蒙斯本人也不接受任何採訪。那作者哪來的資訊？據說，是訪談公司離職員工而「推敲」出來的。即使他訪談過西蒙斯本人 10 小時，對方也只是談談「人生經歷」而已。因此，大獎章基金的「優

異報酬率」，其實是「無從證實的」。畢竟，公司也不對外公開資訊，這本書也比較像是「說故事」，不是說出他們如何達標的方法

2. 據說，文藝復興公司不對外公開募資，不讓一般大眾投資。那即使它的「優異報酬率」是真的，我們也「無從下手」啊！

3. 據說是文藝復興公司旗下大獎章基金有「優異報酬率」，那旗下其他基金的報酬率呢？若西蒙斯所帶領團隊所研發的「演算法」有效，還長達 30 年有效，那應該所有旗下基金都會有「優異報酬率」啊！應具有「普遍適用性原則」啊！不會只適用其中一檔而已吧！

所以，這本書寫的事蹟真實性不可考，即使有，你我也參與不到。不像波克夏，是你我都可以買的「誰與爭鋒」倚天劍加屠龍刀。

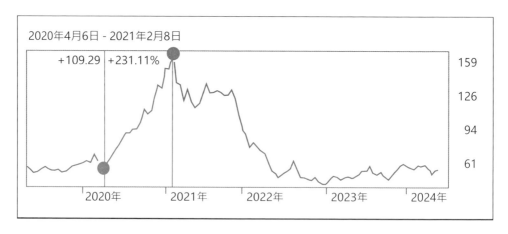

▲圖 2-2：方舟基金 ARKK 在 2020 ～ 2021 年最高成長 231.1%。

資料來源：Yahoo Finance

木頭姐（Cathie Wood）所管理的方舟基金（ARKK），在 2020 ～ 2021 年績效亮麗，最高成長了 231.1%，使她贏得「女股神」的稱號，如圖 2-2。她的投資模式是重押當時當紅炸子雞的特斯拉股票，並以「破壞性創新」為投資主軸。這讓木頭姐一戰成名，成為散戶資金追捧的對象，期待跟著能一夕暴富。

　　可是好景不常，到了 2022 年科技股股價重挫，本益比下修，方舟基金績效慘澹，股價怎樣上去就怎樣下來，從 2021 年 2 月的高點到 2024 年 4 月，整整跌了 69.9%，如圖 2-3。諷刺的是，還有人成立方舟基金的反向做空基金，績效還不錯，讓木頭姐成了市場的「反指標」。真是「浪花淘盡英雄，是非成敗轉成空」，曇花一現的大贏不代表能笑到最後。怎比得上「屠龍寶刀」波克夏長達 59 年的卓越績效，「倚天神劍」巴菲特長達 68 年的卓越成就。

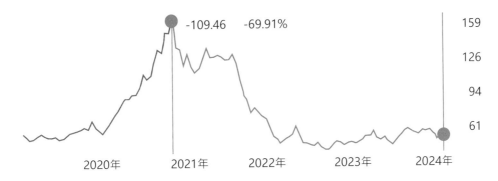

▲圖 2-3：方舟基金 ARKK 從 2021 年 2 月高點到 2024 年 4 月跌了 69.9%。
資料來源：Yahoo Finance

　　「屠龍寶刀」波克夏有長達 59 年的卓越績效，「倚天神劍」巴菲特有長達 68 年的卓越成就。波克夏股票，是你我都可以買的「誰與爭鋒」倚天劍加「武林至尊」屠龍刀。

「天國好像一粒芥子，人把它撒在自己的田裡。它固然是各樣種子裡最小的，但當它長起來，卻比各種蔬菜都大，竟成了樹，甚至天上的飛鳥飛來，在它的枝上棲息。」（瑪 13:31~32）

‖ 波克夏磐石財務 ‖

巴菲特 2023 年度給股東信中說到，波克夏對股東有所承諾，絕不讓信任他們的股東遭受永久性的財務損失，所以採取了極端保守的財務結構：

1. 保留遠超過傳統觀點的大量現金（這包含美國國債債券型式的持有），為任何可能突發的金融危機做好準備。危機時，只求能自救並救人（公司），不求被救，就像 2008 年金融海嘯時一般。

2. 聚焦子公司和股票投資組合中多樣化的收益，好能在一旦遭遇長期性的全球經濟疲軟、市場恐懼，甚至近乎停滯的情況下，仍然能以極低的現金需求，維持公司正常的經營，不受外在災難的影響。

3. 絕不冒著會永久損失資本的風險來投資，CEO 一生只做極少數的投資決策，避免犯下嚴重錯誤，投資就要搭上「美國順風車」，追求複利的力量。

從年報上分析，波克夏資產淨值相對股價是被低估的。2023 年度給股東信中，巴菲特指出：以公認會計原則（GAAP）來核算，2023 年底，波克夏的資產淨值達到 5,613 億美元，如表 2-1。相比之下，標普五百的其他 499 間大公司，2023 年底的資產淨值總合接近 9.5 兆美元，約是波克夏一間公司的 17 倍而已。換句話說，波克夏 2023 年資產淨值，就占標普五百間公司的 6%。美國最大的 499 間公司，它們加起來的資產淨值，也不過波克夏一間公司資產淨值的 17 倍！

▼表 2-1：波克夏 2023 年度資產負債表

BERKSHIRE HATHAWAY INC.
and Subsidiaries
CONSOLIDATED BALANCE SHEETS
(dollars in millions)

	December 31,	
	2023	2022
LIABILITIES AND SHAREHOLDERS' EQUITY		
Insurance and Other:	$ 111,082	$ 107,472
Unpaid losses and loss adjustment expenses	34,647	35,415
Unpaid losses and loss adjustment expenses - retroactive reinsurance contracts	30,507	28,657
Unearned premiums	20,213	19,753
Life, annuity and health insurance benefits	11,545	11,370
Other policyholder liabilities	32,402	33,201
Accounts payable, accruals and other liabilities	8,253	6,820
Aircraft repurchase liabilities and unearned lease revenues	42,692	46,538
Notes payable and other borrowings	291,341	289,226
Railroad, Utilities and Energy:		
Accounts payable, accruals and other liabilities	22,461	16,615
Regulatory liabilities	6,818	7,369
Notes payable and other borrowings	85,579	76,206
	114,858	100,190
Income taxes, principally deferred	93,009	77,368
Total liabilities	499,208	466,784
Redeemable noncontrolling interests	3,261	—
Shareholders' equity:		
Common stock	8	8
Capital in excess of par value	34,480	35,167
Accumulated other comprehensive income	(3,763)	(5,052)
Retained earnings	607,350	511,127
Treasury stock, at cost	(76,802)	(67,826)
Berkshire Hathaway shareholders' equity	561,273	473,424
Noncontrolling interests	6,236	8,257
Total shareholders' equity	567,509	481,681
	$ 1,069,978	$ 948,465

See accompanying Notes to Consolidated Financial Statements

說明：黑框，波克夏的資產淨值達到 5,613 億美元。紅框，波克夏總資產達到 1.07 兆美元。
資料來源：波克夏 2023 年度年報

　　2023 年底，美股科技七巨頭，蘋果、微軟、Google、亞馬遜、Meta（Facebook）、輝達（NVIDIA）和特斯拉，股票市值個個超過 1 兆美元（特斯拉到年底股價跌落市值 1 兆美元以下，但當時仍高於波克夏），總計市值超過 12 兆美元。波克夏當時股票市值為 7,760 億美元，雖還沒有破 1 兆，遠低於科技七巨頭。但它的總資產卻已達到了 1.07 兆美元，不輸市值破兆的科技七巨頭了，如表 2-1。而資產淨值 5,613 億美元，接近於當時的股票市值 7,760 億美元，如此算來，當時股價的「即時」本淨比才 1.38 倍（PBR=1.38）。相對市值高漲的美股科技七巨頭，波克夏股票是「有料但沒被挖出來」。

　　波克夏約當現金 2023 年底來到 1,632.91 億美元，若加上鐵路和能源子公司的約當現金，則母公司的總約當現金達到 1,676.41 億美元，如表 2-2。出書前，最新財報發布的 2024 年 3 月底，波克夏總約當現金 2024Q1 來到 1,889.93 億美元，約合新台幣 6.0 兆（以匯率 1:32 來算），如表 2-3。巴菲特還說，到 2024Q2 總約當現金將會達到 2,000 億美元（約合新台幣 6.4 兆）。

▼表 2-2：波克夏 2023 年度資產負債表

BERKSHIRE HATHAWAY INC.
and Subsidiaries
CONSOLIDATED BALANCE SHEETS
(dollars in millions)

	December 31,	
	2023	**2022**
ASSETS		
Insurance and Other:		
Cash and cash equivalents*	$ 33,672	$ 32,260
Short-term investments in U.S. Treasury Bills	129,619	92,774
Investments in fixed maturity securities	23,758	25,128
Investments in equity securities	353,842	308,793
Equity method investments	29,066	28,050
Loans and finance receivables	24,681	23,208
Other receivables	44,174	43,490
Inventories	24,159	25,366
Property, plant and equipment	22,030	21,113
Equipment held for lease	16,947	15,584
Goodwill	50,868	51,522
Other intangible assets	29,327	29,187
Deferred charges - retroactive reinsurance	9,495	9,870
Other	19,568	19,657
	811,206	726,002
Railroad, Utilities and Energy:		
Cash and cash equivalents*	4,350	3,551
Receivables	7,086	4,795
Property, plant and equipment	177,616	160,268
Goodwill	33,758	26,597
Regulatory assets	5,565	5,062
Other	30,397	22,190
	258,772	222,463
	$ 1,069,978	$ 948,465

* Includes U.S. Treasury Bills with maturities of three months or less when purchased of $4.8 billion at December 31, 2023 and $2.6 billion at December 31, 2022.

See accompanying Notes to Consolidated Financial Statements

說明：波克夏約當現金 2023 年底來到 1,632.91 億美元，加上鐵路和能源子公司的約當現金，母公司總約
　　　當現金達到 1,676.41 億美元。

資料來源：波克夏 2023 年度年報

▼表 2-3：波克夏 2024Q1 資產負債表

Part I Financial Information
Item 1. Financial Statements
BERKSHIRE HATHAWAY INC.
and Subsidiaries
CONSOLIDATED BALANCE SHEETS
(dollars in millions)

	March 31, 2024 (Unaudited)	December 31, 2023
ASSETS		
Insurance and Other:		
Cash and cash equivalents*	$ 28,891	$ 33,672
Short-term investments in U.S. Treasury Bills	153,444	129,619
Investments in fixed maturity securities	17,167	23,758
Investments in equity securities	335,864	353,842
Equity method investments	29,585	29,066
Loans and finance receivables	25,435	24,681
Other receivables	46,772	44,174
Inventories	23,670	24,159
Property, plant and equipment	22,058	22,030
Equipment held for lease	17,154	16,947
Goodwill	50,813	50,868
Other intangible assets	29,045	29,327
Deferred charges - retroactive reinsurance	9,318	9,495
Other	20,398	19,568
	809,614	811,206
Railroad, Utilities and Energy:		
Cash and cash equivalents*	6,658	4,350
Receivables	6,063	7,086
Property, plant and equipment	178,288	177,616
Goodwill	33,736	33,758
Regulatory assets	5,570	5,565
Other	30,106	30,397
	260,421	258,772
	$ 1,070,035	$ 1,069,978

Includes U.S. Treasury Bills with maturities of three months or less when purchased of $4.0 billion at March 31, 2024 and $4.8 billion at December 31, 2023.

See accompanying Notes to Consolidated Financial Statements

說明：波克夏 2024Q1 總約當現金 1,889.93 億美元。
資料來源：波克夏 2024Q1 季報

2023 年底波克夏的保險浮存金增加到 1,685.75 億美元，最新財報發布的 2024Q1 來到 1,683.38 億美元，約合新台幣 5.4 兆，如表 2-4。

▼表 2-4：波克夏 2024Q1 保險浮存金

Berkshire Hathaway Inc.			
	December 31,		March 31,
	2019	2023	2024
		(in millions)	
Shareholders' Equity	$443,164	$561,273	$571,490
Float	$129,423	$168,575	$168,338
Cash and U.S. Treasury Bills*	$124,973	$163,291	$182,335

*Does not include Cash and U.S. Treasury Bills of Railroad, Utilities and Energy businesses.

CNBC
20 | BERKSHIRE
24 | HATHAWAY
ANNUAL MEETING

3

說明：黑框，波克夏保險浮存金 2023 年底 1,685.75 億美元；紅框，2024Q1 來到 1,683.38 億美元。
資料來源：波克夏股東會 2024Q1 季報

這樣大量的資金儲備有什麼樣的意義存在？

我們的護國神山台積電，在 2024 年 4 月 12 日創下 826 元的股價歷史新高，市值達到新台幣 21.42 兆，約合 6,694.48 億美元，成為當時全球市值第九大的公司，如圖 2-4。這樣高漲的台積電市值，差不多是波克夏 2024Q1 總約當現金 1,889.93 億美元的 3.5 倍，或者是波克夏總約當現金加保險浮存金 3,573.31 億美元的 1.9 倍。這意謂著什麼？意謂著波克夏馬上可以從口袋全部掏出來的錢，就能買下股價歷史巔峰時期的半個台積電啊！

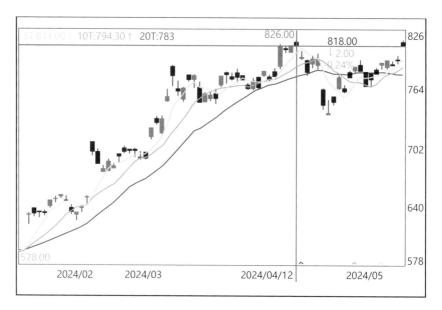

▲圖 2-4：台積電股價 2024 年 4 月 12 日創下 826 元歷史新高，市值達到新台幣 21.42 兆。

資料來源：三竹股市

　　現金對一間公司有什麼意義呢？巴菲特曾說：「現金對公司就像氧氣對人，平常時候你不會感受到它的存在，一旦缺乏了，你就無時無刻不惦念著它的重要。」2008 年金融海嘯時就是這樣，多少百年巨擘、多少威名遠播的大公司，只因缺乏現金，資金周轉不靈，面臨破產、被收購和被美國政府發債救助的情況。

　　本書舉個例子：

　　美國銀行（Bank of America, 股票代碼 BAC）在 2011 年因內部許多不良資產，導致現金缺乏，周轉失靈，面臨破產危機。當時現金充裕的波克夏危機入市，注資了 50 億美元。再加上巴菲特為美國銀行信心喊話，讓美國銀行起死回升。因此，美國銀行還跟波克夏簽訂了不平等條約：

1. 波克夏擁有美國銀行價值 50 億美元的特別股，且每年必須獲得 6% 的現金股利，不管美國銀行當年賺錢還是虧錢。

2. 波克夏獲得價值 50 億美元的認股權證，將來「任何時間」，都可以
   用 50 億美元買進美國銀行 7.32 億股普通股，也就是拿出 50 億美元以
   6.83 美元普通股的價格買股。

這是什麼意思？意思是當時美國銀行普通股股價 6.83 美元以下，我不會
執行我的認股權證買股，以避免賠錢。一旦你的普通股股價漲破 6.83 美元，
甚至高漲很多時，我再執行認股權證買股，現買現賺，大占便宜，超額獲利。

如圖 2-5，美國銀行在 2011 年 8 月股價 6.83 美元。波克夏注資救助後，
股價逐步回升，2021 年 8 月剛好滿 10 年，股價高漲到 47.78 美元，如圖 2-6，
是當初波克夏注資救援時股價的 7 倍整，如圖 2-7，還不包括這 10 年來發放
的普通股現金股利和特別股 6% 現金股利。

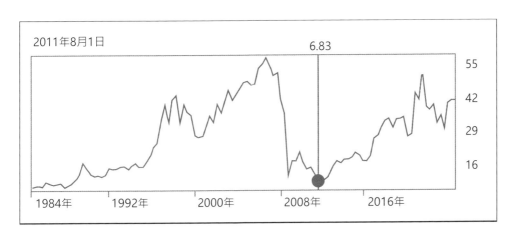

▲圖 2-5：美國銀行在 2011 年 8 月波克夏注資救助時股價 6.83 美元。

資料來源：Yahoo Finance

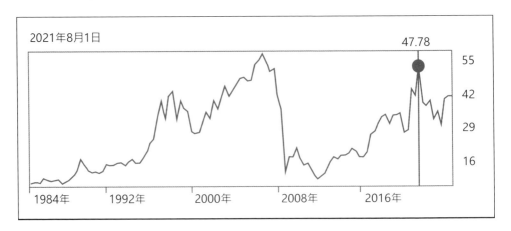

▲圖2-6：波克夏注資救助滿10年後2021年8月美國銀行股價高漲到
47.78美元。

資料來源：Yahoo Finance

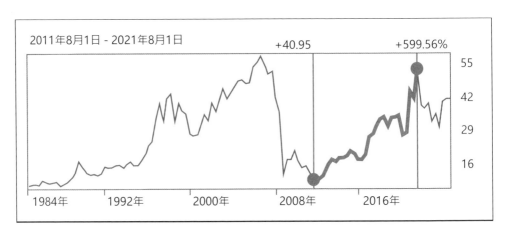

▲圖2-7：波克夏注資救助的10年美國銀行股價漲599.6%成了7倍。

資料來源：Yahoo Finance

當然，美國銀行後來主動跟波克夏協商，減少「不平等條約」的內容。但如今，美國銀行股票已是波克夏投資組合中第二大持股，持股價值約350億美元，占投資組合的10.01%，十分之一。這都歸功於2011年的危機入市。

還有，你知道金融海嘯後，美國銀行一直是美國資產第二大的銀行嗎？波克夏2011年危機入市注資50億美元的時候，美國銀行的資產就已經有2

兆美元，是波克夏注資額度的 400 倍。小蝦米撬動大鯨魚。再復習一下巴菲特的話：「現金對公司就像氧氣對人，平常時候你不會感受到它的存在，一旦缺乏了，你就無時無刻不惦念著它的重要。」

或許你又問：「手握大把現金的波克夏現在又如何？不是拖累現時的成長嗎？」「是的，大牛市中會拖累成長性，但一旦熊市來臨，這是每隔幾年就『必然』會來臨的事，就是波克夏靠充裕現金吃大補帖的時候，就像危機入市美國銀行一樣。」打個比喻：熊市中取得了現金，就像「大力水手卜派」拿到了「菠菜」一樣，立刻就能力大無窮，化險為夷，反敗為勝。

「孟格和我絕不依賴陌生人的善意來經營波克夏，甚至好友的幫助也不行。因為他們也會面臨自己資金流動性的問題，2008 年金融海嘯就是現成的例子。我們持有大量的美國國債作為危機入市的資金，這樣使我們不必依賴銀行融資。我們刻意打造波克夏成為抵抗金融危機的安逸堡壘，即使面對長期閉市的極端局面也不怕。」巴菲特說。

現在的波克夏坐擁幾千億美元的鉅額資金，隨時等著「獵大象」，或當下次金融大海嘯時的「救生圈」。這樣堅若磐石的波克夏財務結構，不令你我咋舌嗎？不讓你我安心投資、安心抱股嗎？

堅若磐石的波克夏財務結構，成為抵抗金融危機的安逸堡壘。

「匠人棄而不用的廢石，反而成了屋角的基石；那是上主的所行所為，在我們眼中神妙莫測。」（詠 118:22~23）

‖ 波克夏控股內容 ‖

　　波克夏從一開始的紡織公司，如今已蛻變為金融控股公司，它分為兩大部分控股：第一是收購來的「子公司」，2023 年底資產價值 5,528.45 億美元；第二是買進股票的「投資組合」，同期市值 3,538.42 億美元。

■ 波克夏的子公司

　　2023 年度年報將波克夏的子公司群分為四大類：保險業、鐵路和能源公用事業、製造業、服務和零售業。詳細子公司群和分類載於年報 A-1 頁，如表 2-5。而年報 K-112 頁，又將這四大類子公司的指標公司摘要介紹，本書整理如表 2-6。

1. 保險業

- GEICO（美國政府雇員保險公司）：採用不透過保險經紀人直接回應車主的方式，承保私家車車險。
- Berkshire Hathaway Primary Group（波克夏一般保險群體）：主要為商業戶承保多種財產和傷亡保單。
- Berkshire Hathaway Reinsurance Group，BHRG（波克夏再保集團）：承保全球超額損失、配額份額和臨時再保險。

▼表 2-5：波克夏子公司表

BERKSHIRE HATHAWAY INC.
OPERATING COMPANIES

INSURANCE:	Employees		*RAILROAD, UTILITIES AND ENERGY:*	Employees
GEICO	30,584		**BNSF:**	
Berkshire Hathaway Reinsurance Group	848		BNSF Railway	37,025
General Re	2,185		BNSF Logistics	160
Berkshire Hathaway Homestate Companies	1,206		**Berkshire Hathaway Energy Company:**	
Berkshire Hathaway Specialty	1,641		Corporate Office	33
Berkshire Hathaway GUARD Insurance Companies	1,098		PacifiCorp	5,046
MedPro Group Inc.	1,283		MidAmerican Energy	3,518
MLMIC Insurance Companies	235		NV Energy	2,596
National Indemnity Primary Group	1,550		Northern Powergrid	2,769
United States Liability Insurance Companies	1,175		BHE Pipeline Group	2,733
Alleghany	1,385		BHE Transmission	756
Central States Indemnity	20		BHE Renewables	464
	43,210		HomeServices of America	5,803
			Pilot Travel Centers	26,700
				87,603

MANUFACTURING:			*SERVICE AND RETAILING:*	
Acme	1,915		Affordable Housing Partners, Inc.	30
Benjamin Moore	1,952		Ben Bridge Jeweler	431
Brooks Sports	1,241		Berkshire Hathaway Automotive	10,038
Clayton Homes	20,645		Borsheims	150
CTB	2,590		Business Wire	352
Duracell	3,116		Charter Brokerage	172
Fechheimer	381		CORT	2,248
Forest River	11,907		Dairy Queen	519
Fruit of the Loom	20,089		Detlev Louis	1,460
Garan	2,900		FlightSafety	4,713
H. H. Brown Shoe Group	1,199		Helzberg Diamonds	1,517
IMC International Metalworking Companies	14,170		IPS	3,143
Jazwares	1,379		Jordan's Furniture	1,031
Johns Manville	7,748		McLane Company	25,608
Larson-Juhl	662		Nebraska Furniture Mart	4,803
LiquidPower Specialty Products, Inc.	464		NetJets	8,349
Lubrizol	7,908		Oriental Trading	1,273
Marmon[1]	28,419		Pampered Chef	309
MiTek Inc.	5,783		R.C. Willey Home Furnishings	2,216
Precision Castparts	23,933		See's Candies	2,832
Richline Group	2,302		Star Furniture	273
Scott Fetzer Companies	1,653		TTI, Inc.	9,311
Shaw Industries	18,865		WPLG, Inc.	203
W&W|AFCO Steel	3,023		XTRA	376
	184,244			81,357
			Berkshire Hathaway Corporate Office	26
				396,440

---

[1] Marmon Holding, Inc. ("Marmon") is a holding company that conducts operations through more than 100 manufacturing and service businesses organized into 12 business groups.

說明：波克夏的子公司群分為四大類：保險業、鐵路和能源公用事業、製造業、服務和零售業。
資料來源：波克夏 2023 年度年報

▼表 2-6：波克夏子公司分類

編號	子公司群	指標子公司英文名稱	指標子公司中文名稱	指標子公司業務內容
1	保險業	GEICO	美國政府雇員保險公司	採用不透過保險經紀人，直接回應車主的方式，承保私家車車險。
		Berkshire Hathaway Primary Group	波克夏一般保險群體	主要為商業戶承保多種財產和傷亡保單。
		Berkshire Hathaway Reinsurance Group，BHRG	波克夏再保集團	承保全球超額損失、配額份額和臨時再保險。
2	鐵路和能源公用事業	BNSF	伯靈頓北方聖菲鐵路公司	北美最大的鐵路系統。
		Berkshire Hathaway Energy，BHE	波克夏能源公司	受政府監管的電力和天然氣公用事業，透過BHE公司及其附屬公司進行發電和配電工作，另外還有一間「房地產經紀商」。
		Pilot Travel Centers，PTC	飛行家旅服中心	北美最大的公路旅服中心，不但是旅服營運商，也是油料經銷商。
3	製造業	眾多工業、消費品和建築產品的製造商，還包括住宅相關金融服務。		
4	服務和零售業	McLane Company	麥克倫公司	雜貨批發經銷商。
		還有眾多服務供應商，包括商務包機、飛行員培訓、電子元件經銷、各種零售業務、汽車經銷商、拖車和家具租賃。		

資料來源：作者提供

2. 鐵路和能源公用事業

- BNSF（伯靈頓北方聖菲鐵路公司）：北美最大的鐵路系統。
- Berkshire Hathaway Energy，BHE（波克夏能源公司）：受政府監管的電力和天然氣公用事業，透過 BHE 公司及其附屬公司進行發電和配電工作，另外還有一間「房地產經紀商」。
- Pilot Travel Centers，PTC（飛行家旅服中心）：北美最大的公路旅服中心，不但是旅服營運商，也是油料經銷商。

3. 製造業

眾多工業、消費品和建築產品的製造商，還包括住宅相關金融服務。

4. 服務和零售業

- McLane Company（麥克倫公司）：雜貨批發經銷商。
- 還有眾多服務供應商，包括商務包機、飛行員培訓、電子元件經銷、各種零售業務、汽車經銷商、拖車和家具租賃。

在我的第一本書《買進巴菲特，穩賺 18%》有詳述各個波克夏子公司，有興趣研究的話，可以去翻翻看。還有一本中文書寫得更詳盡《少了巴菲特，波克夏行不行？》。本書不細述了，但講講子公司前三大集團：保險業、BNSF 和 BHE。

2014 年度給股東信中，巴菲特提到波克夏有項特殊競爭優勢，這優勢越發的重要：「我們現在是許多卓越公司老闆想要將家族事業銷售出去，優先會考慮的最終去處。」

波克夏自 1967 年收購國家賠償公司以後，保險業就成了它的核心業務與成長引擎。其中的關鍵是「浮存金（float）」；浮存金是保險公司先收取的

保費，暫存於保險公司，以備未來理賠用，但是它可以給保險公司用來投資獲利用。波克夏自從有了保險業務後，就靈活運用浮存金投資，賺取了超額的成長。

保險業收了保費，常常要付理賠金，這會讓浮存金看似來來去去的。但由於波克夏保險契約設計使然，它會逐年地慢慢地支付理賠，讓受益人不會一次拿到大錢，而且常常是被亂花掉。因此，波克夏的保險浮存金具有相當的「黏性」，不會驟然下降，每年下降幅度不會超過 3%。這使得波克夏可以好好運用浮存金，不必只做短期操作，可以長期投資，例如買股與收購，放長期，創造更大獲利。

波克夏的保險業包含了許多保險與再保子公司群，但作為一整個母公司群體，波克夏經營保險業比其他保險公司更有利的情況是：

1. 無與倫比的資本實力。
2. 豐富的現金準備。
3. 種類繁多的其他非保險子公司獲利來源。
4. 出色的承保紀錄。

因為保險業永遠存在「確定的」承保利潤，與「不確定的」災難理賠，但是波克夏的保險業優勢，一是多元的資金來源，二是紀律的承保評估。所以面對巨型災難理賠時，不但不會耗盡公司資源，還可擴展保險版圖，賣出更多的保單、更高的保費，為公司賺取更多利潤，得到更大的成長。

除了保險業外，波克夏有兩間超大子公司：BNSF 和 BHE。它們都是公用事業，具有受政府監管、鉅額資本支出、可以獨立發債卻不需要母公司擔保，還有景氣再差都有固定盈利的特性。畢竟，不管經濟再怎麼樣，人們還是需要貨暢其流的鐵路交通，還是需要用電生活。鐵路運輸和能源供應，絕對是美國經濟不可或缺的動脈，又具有足夠獲利能力，在 2022 年度時，兩大子公司營業利潤就占母公司的三分之一。

但是，巴菲特 2023 年度給股東信中，提到 BNSF 和 BHE 的隱憂。BNSF 面臨的困境是折舊費用超支、極端天氣破壞、火車司機面臨高壓工作造成的缺工、運輸危險物品的風險。尤其在 2023 年度，美國調漲工資造成 BNSF 盈利下降。

能源行業 BHE 面臨最大的危機，是一些州限制電價調漲，甚至降低電費。這跟台灣的台電面臨一樣的問題：降低低成本的核能發電，調高高成本的再生能源，石油等原物料價格又上漲，但是電費凍漲，且面臨天災對發電與供電系統的破壞。所以，BHE 面臨到建設曠日費時，又需投入鉅額資金，美國政府的監管大閘卻讓 BHE 的投資回報難以預測與跌落。

面臨這樣的困境，波克夏有打算把這兩間超大子公司賣出嗎？巴菲特寫道：「百年之後，BNSF 仍是美國和波克夏的重要資產，這你可以相信。」可見巴菲特沒有打算要賣 BNSF。但是，對 BHE 所說的是：「我和波克夏在BHE 的兩位合夥人都沒有考慮到監管制度造成的投資回報失誤，我犯了個代價昂貴的錯。」看樣子他語帶保留。

但是，我認為巴菲特是向美國政府抗議並施壓：你要私人企業投入公共建設，卻不讓人家得到該有的獲利，你的公共設施要怎樣建設完善，運行妥當，成就美國經濟發展？我舉一段前文提到，巴菲特以氧氣比喻現金對投資重要性的話，也來比喻說明：

「鐵路運輸和能源穩定對美國就像氧氣對人，平常時候你不會感受到它的存在，一旦缺乏了，你就無時無刻不惦念著它的重要。」

■ 股票的投資組合

波克夏的股票投資奉行「集中投資」主義，近年愈來愈集中，如表 2-7，我們看看前八大到 2023 年底的情況：

跟著巴菲特猛賺 4.3 萬倍

▼表 2-7：波克夏 2023 年底股票投資組合

Warren Buffett - Berkshire Hathaway

Period: **Q4 2023**
Portfolio date: **31 Dec 2023**
No. of stocks: **41**
Portfolio value: **$347,358,074,000**

[Holdings] Activity Buys Sells History

History	Stock	% of Portfolio	Recent Activity	Shares	Reported Price*	Value	Current Price	+/- Reported Price	52 Week Low	52 Week High
☰	AAPL - Apple Inc.	50.19	Reduce 1.09%	905,560,000	$192.53	$174,347,467,000	$183.03	-4.93%	$164.08	$199.11
☰	BAC - Bank of America Corp.	10.01		1,032,852,006	$33.67	$34,776,127,000	$38.45	14.20%	$24.59	$38.78
☰	AXP - American Express	8.18		151,610,700	$187.34	$28,402,748,000	$242.36	29.37%	$140.02	$243.54
☰	KO - Coca Cola Co.	6.79		400,000,000	$58.93	$23,571,999,000	$63.25	7.33%	$50.74	$63.36
☰	CVX - Chevron Corp.	5.41	Add 14.37%	126,093,326	$149.16	$18,808,080,000	$165.82	11.17%	$138.11	$168.08
☰	OXY - Occidental Petroleum	4.19	Add 8.74%	243,715,804	$59.71	$14,552,271,000	$63.56	6.45%	$54.92	$71.19
☰	KHC - Kraft Heinz Co.	3.47		325,634,818	$36.98	$12,041,976,000	$36.23	-2.03%	$29.31	$38.96
☰	MCO - Moody's Corp.	2.77		24,669,778	$390.56	$9,635,028,000	$400.40	2.52%	$297.55	$406.70
☰	DVA - DaVita HealthCare Partners	1.09		36,095,570	$104.76	$3,781,372,000	$137.50	31.25%	$71.51	$145.04
☰	C - Citigroup Inc.	0.82		55,244,797	$51.44	$2,841,792,000	$63.53	23.50%	$37.00	$63.92
☰	VRSN - Verisign Inc.	0.76		12,815,613	$205.96	$2,639,504,000	$171.21	-16.87%	$167.05	$229.72
☰	KR - Kroger Co.	0.66		50,000,000	$45.71	$2,285,500,000	$55.93	22.36%	$41.83	$58.34
☰	V - Visa Inc.	0.62		8,297,460	$260.35	$2,160,244,000	$280.70	7.82%	$214.88	$290.96
☰	MA - Mastercard Inc.	0.49		3,986,648	$426.51	$1,700,345,000	$457.05	7.16%	$355.76	$489.32
☰	COF - Capital One Financial	0.47		12,471,030	$131.12	$1,635,201,000	$142.56	8.72%	$84.20	$149.94
☰	AMZN - Amazon.com Inc.	0.44		10,000,000	$151.94	$1,519,400,000	$187.44	23.36%	$109.25	$191.70
☰	CHTR - Charter Communications	0.43		3,828,941	$388.68	$1,488,233,000	$275.69	-29.07%	$236.08	$458.30
☰	LSXMK - Liberty SiriusXM Series C	0.36		43,208,291	$28.78	$1,243,535,000	$24.68	-14.25%	$22.24	$31.67
☰	SNOW - Snowflake Inc.	0.35		6,125,376	$199.00	$1,218,950,000	$157.14	-21.04%	$138.40	$237.72
☰	AON - Aon Plc	0.34		4,100,000	$291.02	$1,193,181,000	$293.04	0.69%	$267.42	$344.47
☰	ALLY - Ally Financial Inc.	0.29		29,000,000	$34.92	$1,012,680,000	$39.39	12.80%	$21.91	$41.24
☰	PARA - Paramount Global CL B	0.27	Reduce 32.44%	63,322,491	$14.79	$936,540,000	$13.05	-11.76%	$10.07	$17.24
☰	NU - Nu Holdings Ltd	0.26		107,118,784	$8.33	$892,299,000	$11.76	41.18%	$5.79	$12.39
☰	TMUS - T-Mobile US Inc.	0.24		5,242,000	$160.33	$840,450,000	$164.21	2.42%	$122.86	$168.64
☰	HPQ - HP Inc.	0.20	Reduce 77.71%	22,852,715	$30.09	$687,639,000	$29.73	-1.20%	$24.77	$33.00
☰	LSXMA - Liberty Sirius XM Series A	0.17		20,207,680	$28.74	$580,769,000	$24.72	-13.99%	$22.01	$31.69
☰	FND - Floor & Decor Holdings	0.15		4,780,000	$111.56	$533,257,000	$121.51	8.92%	$76.30	$135.67
☰	FWONK - Liberty Media Corp Formula One Series C	0.14		7,722,451	$63.13	$487,519,000	$70.02	10.91%	$60.95	$78.58
☰	LPX - Louisiana-Pacific Corp.	0.14		7,044,909	$70.83	$498,991,000	$87.28	23.22%	$49.08	$88.40
☰	LLYVK - Liberty Media Corp. Series C Live	0.12		11,132,590	$37.39	$416,247,000	$40.60	8.59%	$29.63	$44.16
☰	SIRI - Sirius XM Holdings Inc.	0.06	Add 315.60%	40,243,058	$5.47	$220,130,000	$3.03	-44.61%	$2.87	$7.61
☰	LLYVA - Liberty Media Corp. Series A Live	0.05		5,051,918	$36.55	$184,648,000	$38.97	6.62%	$29.48	$43.24
☰	NVR - NVR Inc.	0.02		11,112	$7000.45	$77,789,000	$7656.97	9.38%	$5210.49	$8211.40
☰	DEO - Diageo ADR	0.01		227,750	$145.66	$33,174,000	$142.97	-1.85%	$134.20	$175.92
☰	JEF - Jefferies Financial Group Inc.	0.01		433,558	$40.41	$17,520,000	$46.52	15.12%	$28.61	$47.39
☰	LEN.B - Lennar Corp. CL B	0.01		152,572	$134.05	$20,452,000	$151.66	13.14%	$92.32	$154.74
☰	LILA - Liberty LiLAC Group A	0.01		2,630,792	$7.31	$19,231,000	$8.40	14.91%	$5.90	$9.85
☰	SPY - SPDR S&P 500 ETF Trust	0.01		39,400	$475.30	$18,727,000	$520.83	9.58%	$400.33	$524.61
☰	VOO - Vanguard S&P 500 ETF	0.01		43,000	$436.79	$18,782,000	$478.88	9.64%	$364.68	$482.16
☰	BATRK - Atlanta Braves Holdings Inc. Series C	0.00		223,645	$39.58	$8,852,000	$38.64	-2.37%	$33.95	$50.15
☰	LILAK - Liberty LiLAC Group C	0.00		1,284,020	$7.34	$9,425,000	$8.42	14.71%	$5.95	$9.74

Quote data provided by IEX Cloud

說明：波克夏奉行「集中投資」。紅框，前八大股票占比 91.01%。
資料來源：dataroma

1. 蘋果（Apple Inc.）

波克夏單單持有蘋果的股票，就超過投資組合的一半，達到 50.19%。原因除了巴菲特持續加碼蘋果股票外，蘋果公司的股票回購操作，增加了波克夏更大的股權。

2. 美國銀行（Bank of America）

美國銀行是 2011 年，波克夏危機入市大量買進的，占投資組合的 10.01%，十分之一，連同蘋果已占據了 60.2%。它是美國資產第二大的銀行。

3. 美國運通（American Express）

這是巴菲特脫離葛拉漢「雪茄屁股」選股法，聽從孟格的「集中投資」，所踏出的第一步。它占投資組合的 8.18%，連同前兩大已占據了 68.38%。

4. 可口可樂（Coca Cola Co.）

可口可樂是巴菲特最常掛在嘴邊的「耐久競爭力」股票公司，這樣的耐久競爭力，美國運通也有。我認為，這兩檔股票將會是波克夏的「永久持股」。它占投資組合的 6.79%，連同前三大已占據了 75.17%。

5. 雪佛龍石油（Chevron Corp.）

它占投資組合的 5.41%，連同前四大已占據了 80.58%。

6. 西方石油（Occidental Petroleum）

石化產業是巴菲特和孟格熟知的領域，雖然電動車大行其道，但二老不為所動，仍大買雪佛龍和西方石油的股票。它占投資組合的 4.19%，連同前五大已占據了 84.77%。

7. 卡夫亨氏（Kraft Heinz Co.）

卡夫是餅乾商，亨氏是蕃茄醬商，合併的新公司由波克夏和巴西私募股權公司 3G 資本（3G Capital）聯合收購。它占投資組合的 3.47%，連同前面六大持股已占據了 88.24%。

8. 穆迪（Moody's Corp.）

穆迪是美國三大信評公司之一，不但寡占，還具有產業特許權。它占投資組合的 2.77%，連同前面，這八大持股已占據了 91.01%。

剩下眾多投資組合中的股票，總共占比 8.99%，才不到一成，微不足道矣。

波克夏還持有伊藤忠商事、丸紅、三菱、三井和住友，五間大型日本公司各 9% 的股份，它們都高度多元化經營，讓波克夏參與了日本走出「失落 30 年」泥淖後的成長。到 2023 年底，未實現獲利已達 61%，80 億美元。可是買股的錢，是去日本發行日圓債券買的，真是無本生意！ 2024 年，波克夏又發行 2,633 億日圓債券，準備加碼日股。股神的神操作，將來必會讓波克夏再大賺一把。

巴菲特曾在 2022 年度給股東信中提到：蘋果、美國銀行、美國運通、可口可樂、雪佛龍石油、西方石油和穆迪等，屬於標普五百大的公司，波克夏就是這 7 大巨頭的最大股東。再加上規模龐大的子公司 BNSF 和 BHE，還有

波克夏自己的保險業務，這 3 項都足以成為標普五百大的公司。所以，標普五百大，波克夏就全資或以最大股東的方式，擁有其中 10 大間了[1]。

巴菲特感概說：「這些公司留給波克夏的是，比其他任何美國公司都還要更緊密地去跟美國經濟結合在一起。波克夏的成功是『搭上美國順風車』。因此，在波克夏，將沒有終點線。」

波克夏股票投資組合中，最大持股標的蘋果股票，在 2024 Q1 減持了 13%。巴菲特在 2024 年股東大會中解釋，這是出於稅務考量，而非對蘋果股票長期走勢的判斷。巴菲特表示，蘋果很可能繼續會是波克夏最大持股，即使未來掌舵的不再是自己，而是接班人亞柏。

「蘋果未來仍可能是波克夏持股比重最大的公司，因為它比美國運通和可口可樂更好。」巴菲特說。

蘋果 CEO 庫克也到場參與波克夏 2024 年股東會。庫克說他自己和巴菲特花了時間討論過減持蘋果股票的事，波克夏仍然是蘋果最大股東，他感覺這樣很好，很榮幸有波克夏這樣的大股東。

可口可樂一直是巴菲特和孟格說要永久持股的公司。我們今天喝的可口可樂，號稱是「百年配方不變」的產品。它除了百年的公司經營、帶給人們歡樂和遍佈全球的經銷通路外，還能為人類做什麼？

非營利組織 1998 年在非洲工作時發現，當地因缺乏藥物，偏鄉兒童經常因為不潔飲食，引起脫水或腹瀉等輕微的症狀喪命。

註 1： 巴菲特 2022 年度給股東信中提到，波克夏以最大股東持有的標普五百大公司股份，和 2023 年底實際還持有的股票公司有些差異。本書以 2023 年底實際持有股票的公司為論述內容。

有個例子：一對尚比亞夫妻帶腹瀉的七個月大女嬰就醫，走了 10 公里才到當地的健康中心，但當時沒有醫護人員，這對夫妻只好再走 40 公里，隔天才能到達另一所健康中心就醫。

但是沒有藥的偏鄉卻有可口可樂喝，可口可樂在非洲無遠弗屆啊！於是他們想到：「為何不利用可口可樂通路運送藥品呢？」這想法吸引可口可樂公司注意，開發出耐壓、形式特殊、剛好可以嵌在可樂瓶頸空隙的塑膠包裝盒 AidPod，並針對最急迫的醫藥需求，設計出包含口服脫水補充液、鋅補充碇、肥皂和有使用說明書的藥物組合 Kit Yamoyo，包裝在 AidPod 裡。急用目標：腹瀉，世界上使孩童喪命的最大兇手之一。大約只要 90 分美元，家長們就可以買到，讓他們拿來和著水給生病的孩子喝。

透過可口可樂的通路送藥到非洲偏鄉，政府組織做不到的，卓越公司可口可樂來做。這是公司經營兼顧社會服務之典範，也是身為可口可樂股東我們的榮耀！因為波克夏是可口可樂最大的股東，我們波克夏股東也是可口可樂間接持有的股東。

全球最有名的卡片是美國運通百夫長卡（American Express Centurion Card），俗稱黑卡，是由美國運通發行的邀請式簽帳卡。若你沒被美國運通主動邀請發卡，你是不能拿到這張黑卡的。至於他們都邀請誰來持卡，你我都可以猜猜看。

美國運通黑卡有什麼特色？媒體報導：台灣富豪帶家人乘遊輪旅遊，當他們在埃及開羅上岸後，當時阿拉伯世界爆發的茉莉花革命傳到埃及，埃及發生大規模示威逼總統穆巴拉克下台，開羅局勢緊張，引發滯留當地遊客惶恐。這位持有黑卡的台灣富豪，遂致電黑卡顧問，表示不願等待政府包機，要求以最快速度安排私人飛機離開埃及。美國運通遂在一日內安排一架 10 人座飛機，將富豪一家送到義大利羅馬，再轉機回台。他以黑卡支付這趟私人飛機行程，共計新台幣 300 萬元。

美國運通黑卡喊出的口號是：「只要是地球上合法的事，我們都盡力幫您做到！」從處理這位台灣富豪的危機來看，他們也真的做得到，難怪全球富豪和政要都以持有黑卡為榮。美國運通黑卡本身由電鍍鈦製成，聽在服務客戶時而拿過黑卡的朋友說道：「蠻沉重，蠻有質感的。」

信用卡和簽帳卡是「金融特許行業」，VISA 和 MasterCard 的信用卡，目標客戶在龐大的中產階級，以量制價，達到低成本競爭優勢。美國運通黑卡，目標客戶為高端的「富人階級」，以價制量，形成「差異化」競爭優勢。面對全球手機支付和多元支付時代的來臨，尤其是中國大陸已達到全面的無現金手機支付服務。現金、信用卡和簽帳卡的支付都面臨重大挑戰。美國運通黑卡要給予客戶的是身分地位的象徵和超乎想像的服務，這也是富人期望獲得的。所以，相較於其他家的頂級卡、無限卡，美國運通黑卡的競爭優勢難以撼動。這樣的競爭力，將來也比較能突破手機支付和多元支付的圍剿。這應該是巴菲特認為，波克夏可以永續持有美國運通股票的原因吧！

「高天陳述天主的光榮，穹蒼宣揚他手的化工」（詠 19:2）

‖ 波克夏接班情況 ‖

◼ 隱藏人選到公開

巴菲特曾在給股東的信上開玩笑說到：「在我們股東會上，常常會有人問我：『萬一你被卡車撞到了，那這家公司怎麼辦？』我很高興到現在還有人在問這個問題，但可能再過不久，這個問題就會變成：『萬一你沒有被卡車撞到的話，這家公司會變怎麼樣？』」

接班問題向來是公司經營最重要的課題，隨著巴菲特年紀漸長，波克夏接班人選也成了股東最關心的問題。不過，波克夏其實一直都有巴菲特和孟格的接班人選，只是在他們二老仍活躍於波克夏經營管理上時，不對外公布，以防二老還沒下台，接班人就已要「告老還鄉」。事實上，也陸續發生了這樣的事：接班人不接班了，要退休去了。例如，擔任 GEICO 的投資經理辛普森（Lou Simpson），他本來是巴菲特「投資管理」上的接班人，但只比巴菲特小 6 歲，在他 75 歲時（巴菲特 81 歲），告老退休了。

在 2018 年度巴菲特在給股東信中，終於正式宣布兩位接班人：亞柏和簡恩。

亞柏（Gregory Abel）：現任子公司波克夏能源（BHE）的 CEO，2024 年 61 歲。接任波克夏副董事長（Vice Chairman），負責波克夏非保險業的事業。也是將來波克夏 CEO 正式接班人。

簡恩（Ajit Jain）：1985 年在巴菲特授權下創辦波克夏再保集團（BHRG），並擔任其 CEO，2024 年 72 歲。也接任波克夏副董事長，負責

波克夏保險業的事業。將來類似孟格的角色，協助波克夏 CEO。

霍華（Howard Buffett）：不可忽視董事會的一位成員，是巴菲特的大兒子。霍華掌有巴菲特股份的管理權，也是巴菲特一再提及，可以擔任未來波克夏「非執行董事長」的兒子。那是個守著家產不管事「公司文化守護者」。

股東大會新明星

2018 年波克夏股東大會，亞柏和簡恩開始以副董事長身分回答了部分股東的問題。2020 年起，則坐上了主持台，回答股東部分的問題。2024 年股東大會，是在孟格 2023 年過世之後，第一次無孟格參與的股東會，會中亞柏和簡恩已固定坐在主持台上了。其中發生的小插曲是：

巴菲特回答股東提問後，想請左手邊的亞柏繼續說明，結果出於習慣，叫成「查理（孟格）」。他說：「我都叫習慣了，待會兒還會說溜嘴呢！」亞柏則笑著回說：「被當成孟格，是一種莫大的榮幸！」

亞柏和簡恩能接班到怎麼樣，確實成了這次股東會的重點，我們來看看 2024 年股東大會他們說了什麼。

巴菲特表示，波克夏投資決策將由繼任者亞柏負責。他明確表示：「我想這個責任應該全權交給亞柏。過去我承擔責任，只交出去部分權責。如今，我認為這個責任應該由新 CEO 承擔。」

「由 CEO 做決策的任何事情，都能助於他履行此責任。所以該由掌管資金分配的 CEO 自己做決策。我必須說，當波克夏的資金已成長到 2,000 億美元這樣鉅額，我的思想某種程度上跟著轉變了。我不希望一直嘗試去找 200 個人，每個人只管理 10 億美元資金，這方式根本行不通的。波克夏投資決策將由繼任者亞柏全權負責。」

　　巴菲特年年都會提到，簡恩對打造波克夏保險業有著莫可比擬、無可取代的重要。於是有股東提到：簡恩對保險業這麼重要，那他的接班人選呢？簡恩回答：「沒有任何人是不可取代的，波克夏也有我的接班人計畫，但慢慢地會愈來愈明顯。」所以，波克夏連亞柏和簡恩的接班梯隊都有盤算了，股東們不用太擔心啊！

　　孟格過世後，巴菲特真的放手管理的事務了。最近波克夏子公司的經理人，都被引導到向亞柏和簡恩報告工作了。巴菲特說自己年事已高，體力、閱讀速度和管理效率都下降許多：「若有更好的人來聽子公司經理人報告工作，為什麼要找我？」況且，亞柏熟知旗下業務困境並能給出建議，簡恩在保險業的智慧無人能及，兩位接班人有更多精力，聽取並傳達訊息啊！

　　對於波克夏的各個經理人，巴菲特要求：若想做到 65 歲就退休，不要來任職。巴菲特認為，65 歲才是人生事業熟練度的開始，為什麼要退下來？

　　最後，巴菲特說給所有股東聽：「就算我不在了，波克夏股價還是會成長。」你聽到了嗎？

就算巴菲特不在了，波克夏股價還是會成長。

　　巴菲特所謂「萬一被卡車撞到了，這家公司怎麼辦」的接班問題已解決。另一個「萬一沒被卡車撞到的話，這家公司會變怎麼樣」的問題，巴菲特多次強調：波克夏獨立、自主、適任的董事會，隨時可以把「屆時不適任」的巴菲特趕下 CEO 的位置，將來也能好好輔佐或制衡新接班人，並繼續找出賦有波克夏文化基因的新接班人。

　　若問「後巴菲特時代」的接班人將面臨哪些考驗？不諱言的，巴菲特隨機性與無計畫性的收購子公司模式，接班人無法完全複製。接班人也無法像巴菲特一樣，洞燭機先地瞭解所收購的子公司。接班人要如何持續性地維護波克夏「重視誠信」和「熱誠工作求自我實現」的公司文化，包括對內部子

公司經理人誠信經營與熱誠工作的管理，對外部欲收購家族公司信任感的取得，這些都是接班人的挑戰。

但是，巴菲特和孟格留下的優質資產「波克夏」，擁有「誠實信用」和「盡己力自我實現」的波克夏文化，擁有堅若磐石的公司財務，擁有耐久競爭力的子公司和股票投資組合。兩位接班人又是一時之選，擁有經營龐大子公司和管控投資風險的能力，「血管裡流著波克夏文化的血液」。可見的未來也沒什麼好擔心的，即使你是新加入的波克夏股東也一樣，好投資還是會持續下去。

「上主自會照料」（創 22:14）。

‖如何買進波克夏？‖

◾ 美國券商 vs 複委託

波克夏是美國股票，它分為 A 股和 B 股，前者股票代號是 BRK.A，後者股票代號是 BRK.B。

波克夏 A 股（BRK.A）是巴菲特掌管波克夏公司至今，原始未分割的股票。它的股價高昂，2024 年 2 月 26 日的歷史最高價是 647,038.99 美元，折合新台幣 2,070 萬元（匯率 1：32）。紐約證交所甚至還為它更改過股價的欄位。

波克夏 B 股（BRK.B）是由部分 A 股分割而成的新股票。第一次在 1996 年，將部分 A 股分割成 30 股新股。後來 2009 年為了收購 BNSF，又再將它分割成 50 股新股。所以現在

1,500 股波克夏 B 股（BRK.B）＝ 1 股波克夏 A 股（BRK.A）

波克夏既是美國股票，買進波克夏股票就不是在台股券商。在台灣，買進美股有兩種方式：美國網路券商（簡稱美國券商）和台股券商複委託（簡稱複委託）。

美國歡迎全球投資人買賣美股，所以美國券商可以利用網路的方式，讓台灣人網路開戶，網路匯款，網路買賣，甚至透過手機 APP 就可以交易。

台股券商近來也搭上投資美股熱，讓台灣投資人開投資美股的複委託帳戶，買賣美股。所謂「複委託」，就因為不是直接由台股券商買賣美股，他

們也是要委託美國券商來買賣美股，只是不會讓你知道是透過誰來買賣，通常也是跟好幾間美國券商合作，但由你的台股券商直接為你負責。

美國券商
1. 買賣手續費：買賣手續費低廉，甚至不用手續費。
2. 匯款手續費：匯款去美國需要手續費。
3. 投資標的：投資標的廣泛，只要美國有公開上市和交易的投資標的，應該都買得到。
4. 遺產繼承：萬一投資人過世，遺產繼承以美國法律為主，手續繁瑣，不方便。

複委託
1. 買賣手續費：買賣手續費很高。
2. 匯款手續費：沒有匯款去美國的手續費。
3. 投資標的：投資標的較受限，複委託畢竟是由台股券商幫你買賣，美國眾多投資標的只有部分能買賣。
4. 遺產繼承：萬一投資人過世，遺產繼承適用台灣法律，較方便。

如表 2-8 所示，我覺得美國券商和複委託最大的差別是：美國券商交易手續費低廉甚至免費，會降低你的持股成本，拉高你的長期報酬率；複委託最大的優勢是遺產繼承適用台灣法律，繼承較方便。

早期我都直接推薦人使用美國券商來買賣美股，因為手續費低廉，可以降低成本，拉高長期投資報酬率，獲得更好的投資成果。但我得到讀者和粉絲的回饋，常常是英文能力不足難以搞定美國券商的使用。實際上也是，因為美國券商除了網路介面和下單買賣美股是中文外，很多文件往來、資訊交流常是英文。而老一輩或者英文能力差者，常常無法應付。所以現在，我不再堅持只推薦使用美國券商投資美股。

▼表 2-8：美國券商和複委託投資美股的優缺點

編號	項目	美國券商	複委託
1	買賣手續費	買賣手續費低廉，甚至不用手續費。	買賣手續費很高。
2	匯款手續費	匯款去美國需要手續費。	沒有匯款去美國的手續費。
3	投資標的	投資標的廣泛，只要美國有公開上市和交易的投資標的，應該都買得到。	投資標的較受限，複委託畢竟是由台股券商幫你買賣，美國眾多投資標的只有部分能買賣。
4	遺產繼承	萬一投資人過世，遺產繼承以美國法律為主，手續繁瑣，不方便。	萬一投資人過世，遺產繼承適用台灣法律，較方便。

資料來源：作者提供

　　我認為，年輕人和小資族可以積極使用美國券商，英文和網路再有困難，都可以自己想辦法解決。年長者和考慮遺產繼承問題的人，可以考慮使用複委託。有什麼問題都可以跟台股券商的營業員或客服人員國台語聯絡，打個電話或親自跑一趟就可以解決，遺產繼承也適用台灣法律和流程，比較無障礙。至於哪些台股券商有開複委託，可以先上網查詢或打電話問問看：你正使用的台股券商有沒有複委託服務。

　　一般常用的美國券商：
- 第一證券（Firstrade）
- 嘉信理財（Charles Schwab）
- 盈透證券（Interactive Brokers）

　　開美國券商會遇到的問題，例如：開戶的護照或文件、開戶表格和合約書、W-8BEN 表格、看盤與交易方式、帳戶交割單和月結單、匯款過去的方式與流程、匯款回台授權表格、稅務文件 1042-S 表格……等等問題，之前會有讀者或粉絲問我，因為害羞問客服。可是最佳答案應該是找客服解決，因

為他們用的表格或方式常常更動，如何使用、如何解決，他們最清楚。不要怕！直接聯絡你開戶券商的客服，不管是打電話、email、留言或是用通訊軟體，他們有服務好你的義務，你也有管理好自己資產的責任。

選擇美國券商要注意：它們是否有加入 SIPC（美國證券投資人保護組織）或 FDIC（美國聯邦存款保險公司）。它們能保護投資人，對帳戶內證券和現金的損害給予理賠。

■ 本益比和本淨比

葛拉漢教給巴菲特，投資股票時要區分出「價格」和「價值」兩種不同的概念：「價格是你所付出的，價值是你所得到的」。

買進波克夏股票，我們先要探究的是波克夏「內在價值」值多少？再來才是說我們要以多少的股票「價格」買入。

一般價值投資法都以本益比（PER）和本淨比（PBR）來評估公司的價值。

本益比（PER，Price-Earning-Ratio）是買進成本的股價相對公司年度收益的比率。
計算方式：股價 ÷ 每股年度盈餘。

本淨比（PBR，Price-Book value-Ratio）是買進成本的股價相對公司每股帳面價值的比率。
計算方式：股價 ÷ 每股帳面價值。

本益比法（PER）

本益比（PER）估算的是公司未來可以創造的價值。例如，公司發行了100萬股，公司未來 15 年，我們估算每年可以為所有股東賺進 100 萬的淨利，也就是說，平均到每 1 股可以年度獲利 1 元，這個叫作「每股盈餘（EPS，Earnings per share）」1 元。如果我們用 15 元成本的股價買進公司的股票，那麼可預期，15 年後可以回收我們投資的成本，這就叫作「本益比 15 倍（PER=15）」。因此，從第 16 年起，投資才會真正獲利賺錢，前面 15 年都是在回本中。這就是本益比（PER）的概念。

本益比的價值估算法比較適合用在「高成長的股票」上。一般來說，好的公司、好的股票值得付出較高的價格買進，也就是值得高本益比。平庸的公司和它的股票，不值得付出較高的價格買進，也就是只值低本益比。這就是我們看到股市上，明星股擁有高本益比的股價，乏人問津的公司卻只有低本益比的股價。

本益比既然是以每股盈餘為基準估算，那我們所採用的每股盈餘就必須要有「代表性」。怎麼辦？我們可以用公司過去「長期的」每股盈餘來作基準。例如，公司過去 10 年的平均每股盈餘，甚至 15 年每股盈餘在扣掉極端值後的平均值，作為本益比的估算基準。

本益比估算的是公司未來可能創造的價值，若只用過去的每股盈餘來作基準，又有點不太現實。於是又有了「預期每股盈餘（EPS）」的觀念，就是試著預估公司未來可能出現的好消息或壞消息，公司經營狀況的變化等等因素，再以過去的平均值去估算出公司未來可能的每股盈餘，形成期望的本益比。這常見於券商給出的股票研究報告中。

但本益比估值法還是需要更多的財報數據與公司經營知識，才能估算出公司未來的獲利狀況。也因為本益比估算的是未來價值，蠻適合高成長高獲利的明星股，所以你在股市會蠻常見到的。

長期來看，台股和美股的長期平均本益比，約為本益比 15 倍（PER=15），也就是說，市場普遍較能接受「用 15 年的時間回收投資成本」的觀念。

巴菲特怎麼做？他做的是「能力圈選股」，只在自己能力圈範圍內能瞭解的股票裡去挑選，再找不太會變動的產業來估值，所謂「粗略的正確勝過精確的錯誤」。

本淨比法（PBR）

本淨比（PBR）估算的是公司現存的價值。它以會計原則核算出來，目前美國使用的是「公認會計原則（GAAP）」，你會常常在巴菲特給股東的信上看到這個名詞。公司財報的「資產負債表」上，記錄了以公認會計原則核算出的「總資產（asset）」。但總資產包含了「負債（liability）」，這是借來的錢和還未付清的錢。總資產扣除負債後得到「股東權益」（equity，或稱「資產淨值」），其中「歸屬股東權益」才是真正屬於我們「普通股股東」的公司淨值。

所以，我們「普通股股東」買了公司的股票，到底擁有了多少公司資產的價值，從「歸屬股東權益」可以算得出來。這裡是以會計原則算出來的。

例如，公司發行了 100 萬股，公司總資產有 1.5 億，公司負債有 0.49 億，那公司的股東權益就有 1.01 億（1.5 億－ 0.49 億）。但是股東權益裡有些是歸屬於「特別股」的資產，假設 0.01 億，那扣掉之後，真正屬於我們普通股股東的「歸屬股東權益」為 1 億（1.01 億－ 0.01 億）。歸屬股東權益 1 億元 ÷ 公司發行股數 100 萬股＝ 100 元 / 股，這個 100 元就是「每股帳面價值（BPS，Book value per share）」。

假設我們用 150 元買進它們公司股票，那就可以算出：買進股價 150 元÷ 每股帳面價值（BPS）100 元＝本淨比 1.5 倍（PBR ＝ 1.5）。

本淨比 1.5 倍（PBR ＝ 1.5）的意義是什麼？代表我們願意用比公認會計原則核算出來現在公司歸屬股東的價值，再高 50%（本淨比多 0.5 倍）的價格買進。也就是我們認為公司的價值相對公認會計原則核算的有「溢價」。可能是有一些無形資產，如品牌力、特許經營權；也可能公司的競爭力難以用會計式的數字化；也可能公司有些資產被低估或錯估，例如波克夏的保險浮存金在會計原則上被列為「負債」，巴菲特卻不認同。所以，

- 本淨比等於 1（PBR ＝ 1）：代表投資人認為公司的價值「剛好」等於公認會計原則核算出來的公司資產價值。
- 本淨比小於 1（PBR ＜ 1）：代表投資人認為公司的價值「不足」公認會計原則核算出來的公司資產價值。
- 本淨比大於 1（PBR ＞ 1）：代表投資人認為公司的價值「應該溢價」公認會計原則核算出來的公司資產價值。

本淨比的股票價值估法相對於本益比，比較精確，巴菲特的老師就以此為標竿。但是，葛拉漢算的帳面價值去除了無形資產的部分，甚至只算公司可立即變現的「流動資產」，也就是可以清算的價值，走更極端的精確。可是，葛拉漢崛起於 1930 年代美國大蕭條的股市，當時低迷如落水狗的股價，隨便找都找得到葛拉漢式小於 1 倍本淨比的股票。二戰後隨著全球經濟復甦，走向超級繁榮的今日，哪還找得到「葛拉漢式估價的股票」啊！

在台股，本淨比的價值估法一般常用在「價值型股票」的估值，如公用事業和消費類型的股票估值用。當然，台股、美股都可以同時兼用本益比和本淨比來做價值估算法。

其他價值估算法

1. 本營比（PSR，Price-Sales-Ratio）是買進成本的股價相對公司年度營收的比率。計算方式：股價 ÷ 每股年度營收。

   這個估值法太過樂觀，太過高估公司價值。所謂的營收，是還沒扣除進貨成本、公司管理和行銷的成本、繳稅的成本以及其他轉投資的損益。通常有飆股出現時，就有人拿本營比（PSR）來估值，非常不可信！

2. 本利比（PDR，Price-Dividend-Ratio）是買進成本的股價相對公司發放現金股利的比率。計算方式：股價 ÷ 每股年度現金股利。又被稱為「股息殖利率（Dividend yield）」，通常以百分比呈現，它的計算方式剛好顛倒：每股年度現金股利 ÷ 股價。

   這個估值法的觀念跟「存款利息」比較接近，它表示的是公司願意將多少年度盈餘拿來發放現金股利給股東，適用於估算高現金股利率發放的公司。但通常這種公司都處於 BCG 矩陣的「金牛象限（Cash cow）」，如圖 2-8。

   「金牛公司」就是指公司每年都可以賺取大量且固定的現金，可是公司已不再成長，不需要再將賺到的錢投入公司，可以用發放現金股利和公司股票回購（台股稱「庫藏股」）的方式處理現金。台股中金牛型的股票就是中華電（2412），美股則有 IBM。但要特別注意：美股有課「現金股利稅30%」，非常高的稅率！

   但本利比（PDR）估值法不適用波克夏股票，因為波克夏從來不發現金股利。

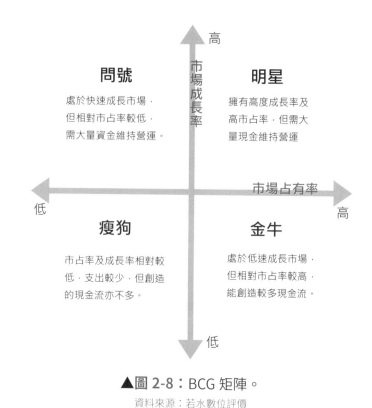

▲圖 2-8：BCG 矩陣。

資料來源：若水數位評價

◾ 波克夏用本淨比

用本淨比來追蹤

巴菲特說到內在價值無法精確計算只能大概預估，那如何估算波克夏的內在價值？

一直以來，巴菲特和孟格都認為，用本益比估算波克夏內在價值不太實際，因為波克夏擁有龐大未實現損益的資產，如股票投資組合、債券和子公司的未實現損益，這些價格波動性大，又可在會計報表隨意給出想要的價格，怎麼能測得準內在價值呢？

　　因此，他倆主張用帳面價值「追蹤」波克夏的內在價值，這就是本淨比的估值法。因為他們認為，帳面價值每年的波動和內在價值的幅度差不多。所以每年給股東信的一開頭，巴菲特都會先跟股東們報告，上年度最新的每股帳面價值是多少，增減幅度是多少。並在年報的第 2 頁列出歷年每股帳面價值的成長率，這就是波克夏的成績單了。

　　直到 2018 年度開始，巴菲特放棄了「用帳面價值追蹤波克夏內在價值」的方法，改由股價的漲跌幅代替所謂內在價值的成長率。而且 2019 年度開始的年報，第 2 頁甚至不再列出歷年每股帳面價值的成長率了。

　　巴菲特的理由是：美股 2018 年度採用的公認會計原則（GAAP），要求將波克夏投資組合的「未實現損益」，列入資產負債表上，因此影響到每股帳面價值。新的公認會計原則會讓波克夏的每股帳面價值波動更大，看起來好像內在價值每年也波動很大。但是巴菲特卻指出，波克夏的內在價值每年都穩健而逐步地成長，並不會上下波動很大。然而，因新的會計原則，要求把投資組合的未實現損益列入資產負債表，股價本來就日日波動，而且波動的幅度就如葛拉漢的話般：「股價短期內是投票機」，是投資人情緒的投票結果。這讓巴菲特很困擾，於是巴菲特決定：自 2019 年度開始，波克夏不再在年報第 2 頁列出每年每股帳面價值的成長率了，改由每年股價漲跌幅代替。

　　巴菲特的說法：波克夏過去 50 幾年來股價的波動，大致也跟內在價值的成長沒有差很多。畢竟葛拉漢的話又說：「股價長期卻是體重計」，把時間拉長，就像「醉漢與狗」的比喻：好奇心大的狗狗（股價），最終還是會跟隨酒吧喝完酒的醉漢（公司內在價值）回到家去。股價長期終究無法脫離內在價值，單獨地漲跌。

　　不過，本書依舊採用波克夏的每股帳面價值來追蹤它的內在價值。一來，短期間內，光看股價漲跌幅，容易波動一般投資人持股的信心。二來，多一份指標，也多一份客觀探究波克夏內在價值的工具，而這工具還是之前巴菲特和孟格一直使用的方法。

若用每股帳面價值追蹤波克夏內在價值，我們就會用到本淨比的估值法。

用本淨比（PBR）追蹤波克夏內在價值

內在價值天花板

那我們要問的是：波克夏內在價值會在其本淨比多少以內？這還是要問問「最熟知波克夏內在價值」的巴菲特，而我們可以從他歷年寫給股東信中，找出端倪。

1995 年度給股東信中，巴菲特提到當時波克夏 A 股股價 36,000 美元時：「孟格和我都不認為，目前的股價受到低估。以目前的股價而言，也都不會考慮買進波克夏股票。」而 1995 年底的每股帳面價值為 14,426 美元（A 股）。那我們算算當時波克夏 A 股的本淨比（PBR）：股價 36,000÷ 每股帳面價值（BPS）14,426 ＝本淨比 2.50 倍（PBR=2.50）。所以，本淨比 2.50 倍（PBR ＝ 2.50），是 1995 年度巴菲特認為估算波克夏內在價值的天花板。

波克夏內在價值的天花板：本淨比 2.50 倍（PBR ＝ 2.50）

合理買價本淨比

好，我們知道波克夏內在價值的天花版，我們也想買進波克夏股票，而且想買在「合理的價格」。那多少以內的本淨比買波克夏股票，最符合價值投資？

多年來波克夏的本淨比的中位數一直落在 1.6 倍（PBR ＝ 1.6）。而我在 2015 年出版的第一本書中提出：本淨比 1.5 倍以下（PBR ≦ 1.5 ）為買進波克夏股票的合理價格。那 9 年過去了，標準是否要改變？

我們先從巴菲特談論公司經營的資金運用來看。巴菲特認為公司賺了錢，應用資金的順序是：

1. 再投資公司的產業。前提是公司的產業具有高速發展性，位於 BCG 矩陣的「明星象限」。這一般是高成長的公司，但是波克夏是個另類。因為股神能把公司保留的資金做最有效率的應用，例如收購公司或買進股票。畢竟，波克夏就是金融控股公司，又有股神操盤。

2. 回購公司股票。註銷回購的股票，讓發行的股數減少，這樣繼續留下來的股東，持有原來股票的「股權」會增加，有利留下來的股東。但是前提是：回購價格必須低於公司內在價值。

3. 以現金股利發放給股東。這是當公司不再成長，又保留大量現金的情況下最好的方式。

其中第二點的「公司的股票回購政策」，就是台股所謂的「庫藏股」政策。但是，台股的庫藏股是用公司的資金，就是股東的錢，從股市中買回部分公司的股票。

但是買回來做什麼呢？
1. 註銷，減少公司公開發行股數。
2. 發放給員工或董監事，當作獎勵。
3. 暫放公司，明列於資產負債表上。未來可能註銷，可能發放給員工或董監事，可能股價高漲再賣出獲利。

巴菲特推崇的股票回購政策是第一個註銷，而他最不能接受的是第二個，發放給員工或董監事當作獎勵。要給員工或董監事獎勵，應該直接在薪酬福利上「現金發送」，並明列在公司「損益表」中，尤其列在課稅前的管銷成本中。不是任意再從公司拿現金來買股票獎勵，這有損股東權益，也讓投資人估算不清公司的獲利。

巴菲特管理波克夏 50 年的歷史中，波克夏向來不發放現金股利，也不回購公司股票，就純粹保留資金供股神收購與買股用。實際上，這樣的作為塑造了波克夏史無前例的大成長。

然而，2011 年 9 月，巴菲特卻宣布波克夏要回購股票。當初立下的波克夏股票回購標準是本淨比 1.1 倍內（PBR ≦ 1.1）。可是這樣的標準很難買得到股票，於是隔年又宣布改為本淨比 1.2 倍內（PBR ≦ 1.2）回購股票。但還是很難買到，也缺乏彈性。隔些年再宣布：只要巴菲特和孟格認為波克夏股價低於內在價值時，就可以隨時回購股票。在 2018 年第 3 季度當時，波克夏回購了不少股票，平均回購價是在本淨比 1.43 倍（PBR = 1.43），形成了新的回購股票標準。到了最新的 2023 年度，波克夏全年花了 92 億美元回購股票，年報記載了第 4 季的回購股票價格與數量，我們以第 3 季末的每股帳面價值，分別是 BRK.B BPS → 242.53 美元和 BRK.A BPS → 363,801 美元來算，如表 2-9，它有筆回購 BRK.A = 541,062.03 美元的股票最高本淨比為 1.49 倍（PBR = 1.49）。由此可見，巴菲特的回購股票標準還是比較接近我提出的「波克夏的合理買進價格在本淨比 1.5 倍內（PBR ≦ 1.5）」。因此，本書再次確定：

波克夏的合理買進價格在本淨比 1.5 倍內（PBR ≦ 1.5）

算出最新 BPS

我們要如何找到最新的波克夏「每股帳面價值（BPS）」？並知道最新的「買進合理價格」？

看倌注意喔！這可是本書的獨特重點喔！在第一章有提到，我自己發展出如何評估波克夏合理買進價格的方法，也有粉絲回饋很受用喔！我們以 2023 年度年報為例，也就是算到第 4 季：

最新波克夏每股帳面價值（BPS）

以往巴菲特每年寫給股東的信，一開始都會列出前一年度「波克夏每股帳面價值（BPS）」，甚至年報和季報上都會寫出來，但自從 2018 年度開始就不再列出了。我只好自己算，我的方法如下。

▼表 2-9：波克夏 2023Q4 回購股票價格與數量

Common Stock Repurchase Program

　　Berkshire's common stock repurchase program permits Berkshire to repurchase its Class A and Class B shares at any time that Warren Buffett, Berkshire's Chairman of the Board and Chief Executive Officer, believes that the repurchase price is below Berkshire's intrinsic value, conservatively determined. Repurchases may be in the open market or through privately negotiated transactions. Information with respect to Berkshire's Class A and Class B common stock repurchased during the fourth quarter of 2023 follows.

Period	Total number of shares purchased	Average price paid per share	Total number of shares purchased as part of publicly announced program	Maximum number or value of shares that yet may be repurchased under the program
October				
Class A common stock	1,815	$ 522,756.10	1,815	*
Class B common stock	—	$ — PBR=1.44 —		*
November		PBR=1.47		
Class A common stock	1,705	$ 536,048.49	1,705	*
Class B common stock	660,585	$ 347.16	660,585	*
		PBR=1.43		
December				
Class A common stock	103	$ 541,062.03	103	*
Class B common stock	—	$ — PBR=1.49 —		*

The program does not specify a maximum number of shares to be repurchased or obligate Berkshire to repurchase any specific dollar amount or number of Class A or Class B shares and there is no expiration date to the repurchase program. Berkshire will not repurchase its common stock if the repurchases reduce the total value of Berkshire's consolidated cash, cash equivalents and U.S. Treasury Bills holdings to less than $30 billion.

2023Q3 BPS: BRK.B=$242.53 BRK.A=$363,801

說明：2023Q3 波克夏 BPS 分別是 BRK.B → 242.53 美元和 BRK.A → 363,801 美元，算出各筆回購價的本淨比，如紅字。

資料來源：波克夏 2023 年度年報

　　波克夏最新發行的股數：我不會以年報損益表（Consolidated Statement of Earning）上的第 4 季發行股數來計算。我找的是「最新的」發行股數，在年報目錄頁前一頁交給美國證交會的 10-K 表。因為這是最新的發行股數，對「窺探」波克夏最新每股帳面價值（BPS）最直接。2023 年度年報 10-K 表列出 2024 年 2 月 12 日最新 A 股和 B 股股數，如表 2-10。我們把 B 股股數（1,310,805,008 股）÷1,500，換算成 A 股股數，再加上原來的 A 股股數（566,618 股），得到合計為 A 股的總股數 1,440,488 股。

跟著巴菲特猛賺 4.3 萬倍

▼表 2-10：波克夏最新發行的股數

UNITED STATES
SECURITIES AND EXCHANGE COMMISSION
Washington, D.C. 20549
FORM 10-K

☑ ANNUAL REPORT PURSUANT TO SECTION 13 OR 15(d) OF THE SECURITIES EXCHANGE ACT OF 1934
For the fiscal year ended December 31, 2023
OR
☐ TRANSITION REPORT PURSUANT TO SECTION 13 OR 15(d) OF THE SECURITIES EXCHANGE ACT OF 1934

For the transition period from _____ to _____
Commission file number 001-14905

BERKSHIRE HATHAWAY INC.
(Exact name of Registrant as specified in its charter)

Delaware	47-0813844
State or other jurisdiction of incorporation or organization	(I.R.S. Employer Identification No.)

3555 Farnam Street, Omaha, Nebraska	68131
(Address of principal executive office)	(Zip Code)

Registrant's telephone number, including area code (402) 346-1400

Securities registered pursuant to Section 12(b) of the Act:

Title of each class	Trading Symbols	Name of each exchange on which registered
Class A Common Stock	BRK.A	New York Stock Exchange
Class B Common Stock	BRK.B	New York Stock Exchange
1.300% Senior Notes due 2024	BRK24	New York Stock Exchange
0.000% Senior Notes due 2025	BRK25	New York Stock Exchange
1.125% Senior Notes due 2027	BRK27	New York Stock Exchange
2.150% Senior Notes due 2028	BRK28	New York Stock Exchange
1.500% Senior Notes due 2030	BRK30	New York Stock Exchange
2.000% Senior Notes due 2034	BRK34	New York Stock Exchange
1.625% Senior Notes due 2035	BRK35	New York Stock Exchange
2.375% Senior Notes due 2039	BRK39	New York Stock Exchange
0.500% Senior Notes due 2041	BRK41	New York Stock Exchange
2.625% Senior Notes due 2059	BRK59	New York Stock Exchange

Securities registered pursuant to Section 12(g) of the Act: NONE

Indicate by check mark if the Registrant is a well-known seasoned issuer, as defined in Rule 405 of the Securities Act. Yes ☑ No ☐

Indicate by check mark if the Registrant is not required to file reports pursuant to Section 13 or Section 15(d) of the Act. Yes ☐ No ☑

Indicate by check mark whether the Registrant (1) has filed all reports required to be filed by Section 13 or 15(d) of the Securities Exchange Act of 1934 during the preceding 12 months (or for such shorter period that the Registrant was required to file such reports), and (2) has been subject to such filing requirements for the past 90 days. Yes ☑ No ☐

Indicate by check mark whether the Registrant has submitted electronically every Interactive Data File required to be submitted pursuant to Rule 405 of Regulation S-T (§232.405 of this chapter) during the preceding 12 months (or for such shorter period that the Registrant was required to submit such files). Yes ☑ No ☐

Indicate by check mark whether the Registrant is a large accelerated filer, an accelerated filer, a non-accelerated filer, a smaller reporting company, or an emerging growth company. See the definitions of "large accelerated filer," "accelerated filer," "smaller reporting company," and "emerging growth company" in Rule 12b-2 of the Exchange Act. Large accelerated filer ☑ Accelerated filer ☐
Non-accelerated filer ☐ Smaller reporting company ☐ Emerging growth company ☐

If an emerging growth company, indicate by check mark if the Registrant has elected not to use the extended transition period for complying with any new or revised financial accounting standards provided pursuant to Section 13(a) of the Exchange Act. ☐

Indicate by check mark whether the Registrant has filed a report on and attestation to its management's assessment of the effectiveness of its internal control over financial reporting under Section 404(b) of the Sarbanes-Oxley Act (15 U.S.C. 7262(b)) by the registered public accounting firm that prepared or issued its audit report. ☑

If securities are registered pursuant to Section 12(b) of the Act, indicate by check mark whether the financial statements of the Registrant included in the filing reflect the correction of an error to previously issued financial statements. ☐

Indicate by check mark whether any of those error corrections are restatements that required a recovery analysis of incentive-based compensation received by any of the Registrant's executive officers during the relevant recovery period pursuant to §240.10D-1(b). ☐

Indicate by check mark whether the Registrant is a shell company (as defined in Rule 12b-2 of the Act). Yes ☐ No ☑

State the aggregate market value of the voting stock held by non-affiliates of the Registrant as of June 30, 2023: $625,500,000,000

Indicate the number of shares outstanding of each of the Registrant's classes of common stock:

February 12, 2024 - Class A common stock, $5 par value	566,618 shares
February 12, 2024 - Class B common stock, $0.0033 par value	1,310,805,008 shares

DOCUMENTS INCORPORATED BY REFERENCE
Portions of the Proxy Statement for the Registrant's Annual Meeting to be held May 4, 2024 are incorporated in Part III.

說明：在年報目錄頁前一頁交給美國證交會的 10-K 表，有最新的發行股數，如紅框，把 B 股股數 ÷ 1,500 換算成 A 股股數，再加上原來的 A 股股數，得到 2024 年 2 月 12 日波克夏最新發行的股數。
資料來源：波克夏 2023 年度年報

　　找出資產負債表（Consolidated Balance Sheets）上「波克夏股東權益」（Berkshire Hathaway shareholders' equity）為 561,273m（m 為 1 百萬），如表 2-1。這是真正屬於我們波克夏普通股的股東權益。

　　算出波克夏 A 股每股帳面價值（BRK.A BPS）：資產負債表之波克夏股東權益 561,273m÷ 最新發行合計 A 股股數 1,440,488 股，得到 389,641 美元。這是 2023Q4 波克夏 A 股每股帳面價值（BRK.A BPS ＝ 389,641 美元）。

　　算出波克夏 B 股每股帳面價值（BRK.B BPS）：將波克夏 A 股每股帳面價值（BRK.A BPS）389,641÷1,500，得到 259.76 美元，這是 2023Q4 波克夏 B 股每股帳面價值（BRK.B BPS ＝ 259.76 美元）。

最新的買進波克夏合理價格：

　　將波克夏 B 股每股帳面價值乘以 1.5 倍本淨比，得到「2023Q4 起買進波克夏 B 股合理價格」為 389.64 美元。

BRK.B BPS 259.76×1.5 PBR → 389.64 美元

▲圖 2-9：臉書「擁抱巴菲特（邱涵能）」粉絲專頁列出當季最新買進波克夏合理價格。

資料來源：作者提供

在本書所列舉的「買進波克夏合理價格」之下的價格買進波克夏股票，你就可以買在內在價值以下，達到足夠的「安全邊際」。

當然，如果你不擅長數學，英文不好，網路資訊搜尋能力較差。沒關係！我每季都會在臉書「擁抱巴菲特（邱涵能）」粉絲專頁和「共創價值投資」部落格，列出當季最新的買進波克夏合理價格，如圖 2-9 和圖 2-10。就在季報和年報發布之後，差不多是在每年的 2、5、8、11 月的一個週末。因為波克夏季報和年報發布都在美東時間某個週六的上午，讓投資人有時間消化財報資訊，免得「超前」干擾波克夏股價。

不安全 — tingvalueinvestment.blogspot.com

共創價值投資

1.共創價值 co-Creating Value 2.巴菲特主義 Buffettism 3.波克夏 伯克希爾 Berkshire Hathaway

2024年2月24日

2023Q4起買進波克夏B股合理價格

波克夏2023年報出爐，2024/2/12最新發行股數，合計為A股1,440,488股，相較2022年末時的1,459,773 (註1)減少了19,285股，-1.3%。因為2023年波克夏花了92億美元回購股票。2023年末歸屬於波克夏股東權益為561,273m，相較2022年末的472,360m增加了88,913m，+18.8%。波克夏B股每股帳面價值：資產負債表-波克夏股東權益561,273m ÷ 最新發行A股股數1,440,488股，得到2023Q4波克夏A股每股帳面價值為$389,641，再÷1,500折算成B股，得到2023Q4波克夏B股每股帳面價值$259.76，相較

▲圖 2-10：「共創價值投資」部落格列出當季最新買進波克夏合理價格。

資料來源：作者提供

內在價值再估算

季度損益難估算

前文講到，巴菲特和孟格向來主張用本淨比（PBR）來評估波克夏的合理買進價格，而不用本益比（PER）。雖有說明理由，但違背一般投資人常用的本益比（PER）估值法，總讓人納悶。正好 2018 年波克夏股東會，有位會計師股東就這樣提問了：「為什麼在波克夏損益表不能告訴股東公司真實的價值，畢竟波克夏持股的股票價格上漲，股東的財富就跟著增加，下跌就跟著減少了啊？」

這位會計師股東的疑惑正是絕大部分投資人的觀念：我們投資買股票，股價上漲我們的財富就跟著增加了啊！股價下跌我們的財富肯定也就跟著減少了啊！所以，當持股股價上漲，股民們歡天喜地；持股股價下跌，股民們哀聲嘆氣。

但巴菲特回答說：我們的持股是要「長長久久」，與贏家型的公司共創價值。因此，一個季度損益表的盈虧，如何可以證明公司的長久競爭力與獲利呢？

巴菲特主義價值投資，是要以公司擁有者的身分和業主的眼光去看待投資：如果你擁有的公司長期持續獲利，你就賺錢；如果你投資的公司獲利不佳，就如同搭了一艘不斷滲水進來的船，與其去修船補洞，不如換一艘船吧！

季度損益表無法反應出公司長期獲利的情形。而公司的長期競爭力，更不會因一兩個季度的虧損或獲利不佳而消失。相反的，持續幾個季度甚至兩三年的高獲利，也不代表這個公司具有「耐久性」競爭力。

舉例來說，台股的宏達電（2498）曾是台股股王，獲利曾是台股第一。雖歷經金融海嘯，卻能迅速爬起，創造更高獲利。它自創智慧型手機品牌htc，曾經是台灣產業的驕傲，是台股的標竿。然而，面對蘋果 iPhone 手機，

以及隨之而來的智慧型手機戰國時代，它不敵對手，從此光芒暗淡，退出舞台。當時的投資人誰想得到今日股價的崩落與低迷？如圖 2-11。昔日的驕傲榮光，如今卻消失殆盡，成為「抱上又抱下」股東們的痛！

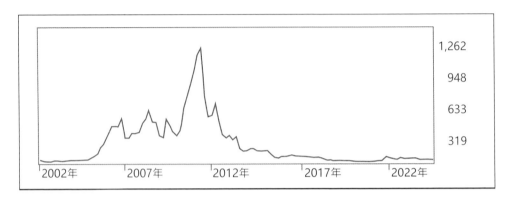

▲圖 2-11：曾是台股股王宏達電（2498）股價的飆漲與崩落。

資料來源：Yahoo Finance

所以，就波克夏來看，季度損益表上的獲利與虧損，季度資產負債表上股東權益的增減，並不能說明什麼。只因一季度股價的波動，造成持股市值的增減，影響損益表的盈虧，又因公認會計原則（GAAP）而簿記在資產負債表上股東權益的增減，這真的有損害「長抱型」投資組合的價值嗎？如果它們是耐久競爭力的公司的話。

波克夏子公司的獲利，常常是年年增長的，因為它們是巴菲特所收購具耐久競爭力的公司，也因此年年增加波克夏的內在價值。所以，從波克夏季度的損益表，真的看不出它未來的競爭力，或許透過資產負債表上的股東權益增減，還比較能估值。如今這樣的評估方法，又受到美國公認會計原則（GAAP）的影響，會被持股市值的波動影響。最終我們能做的，還是要真正瞭解波克夏的競爭力，就像巴菲特所說的，瞭解「公司護城河」有多寬廣，才能登堂入室，一窺究竟。

價值增長的基石

巴菲特 2017 年度給股東信中提到，波克夏價值增長依靠四大基石：

1. 母公司巨型收購；
2. 子公司補強收購；
3. 營收營利率增長；
4. 投資組合的獲利。

這四大基石是讓波克夏每股帳面價值（BPS）多年來高速增長的因素，也是波克夏有別一般公司的成長特色。他信中舉例說明 2017 年度許多子公司補強性收購，公司內部營收和營利率增長，以及前 15 大股票投資組合。但是第一個增長基石「母公司巨型收購」，在 2017 年度卻寥寥可數，原因是收購價太貴。不過他仍堅持：「當別人愈不謹慎時，我們就該愈謹慎小心！」所以，寧願高掛免戰牌，等待收購時機到來。

巴菲特提到持有股票是要與贏家共創價值：如果持股公司業務經營成功，波克夏股票投資也會成功。事實上，證諸他的投資史，所買的大部分股票都能夠成功。因此，以長期來看，波克夏的股票投資將獲益匪淺。巴菲特向來自視為產業分析師、公司分析師，而非證券分析師、技術分析師。波克夏的持股，股價短期內雖然波動，但它們保留的盈餘將在未來創造成長的價值，並轉化成波克夏的等量資本收益，讓波克夏可以創造複利式的內在價值增長，繼而推升波克夏股價。

所以，藉著母公司巨型收購、子公司補強收購、營收營利率增長和投資組合的獲利，這四大波克夏價值增長的基石，推動波克夏每股帳面價值（BPS）成長，然後就能推動每股內在價值成長，再推動波克夏股價跟著成長。

　　巴菲特在 2017 年度給股東信中再次定義投資：「投資，是一種放棄今天消費，並試圖在未來可達到更多消費的活動。而『風險』，是投資這一目標可能無法實現的因素。」這和他 2011 年度信中定義投資是「獲得未來更多購買力」的話一樣。但是，這次特別提出「風險」是干擾投資目的無法達到的因素。

　　金融海嘯後美國邁向漫長的大牛市，股市屢創新高之際，巴菲特也以波克夏多年歷史中，股價曾重跌 4 次，其中 3 次腰斬過，提醒投資者「風險」一直都存在。他預告：將來波克夏股價還會再有崩跌腰斬的情形出現，並且沒人能告訴你什麼時候來。可是，崩跌的波克夏股票或其他公司股票，提供給準備好的投資人「跳樓大採購」機會。將來遇到這樣非凡買入時機，就看讀者你，還有我，是否相信自己的眼光。看到機會，提起勇氣，把握機會，危機入市，加碼波克夏。

　　當有一天波克夏股價崩跌時，請記住巴菲特說過：「短期價格的波動，可能掩蓋了波克夏長期價值增長的事實。」然而，瑕不掩玉。也正如葛拉漢所說：「股價短期內是投票機，長期卻是體重計。」

「『在悅納的時候，我俯允了你；在救恩的時日，我幫助了你。』看！如今正是悅納的時候；看！如今正是救恩的時日。」（格後 6:2）

‖ 不敗投資存撲滿 ‖

■ 波克夏不敗買法

波克夏股票，有股神成功價值投資法的光環，有過去 59 年超級成長的背書，那現時的我們還想要買進，有什麼「不敗買法」呢？我告訴你：買進波克夏股票的不敗祕方就在於「不要賣掉波克夏股票」。

我在第一本書提到：「波克夏股票隨時買、隨便買、永遠不要賣！」也提到了 6 種買進波克夏股票的投資策略。這麼多年過去，看過了多少讀者和粉絲買賣波克夏股票的成敗例子，還有我自己的投資經歷。我發現，投資波克夏股票會賠錢或只是小賺一番的情況，都是因為中途下車賣了波克夏股票。

有次，好友突然打電話來，說要請我吃飯。「為什麼？」「因為，我看了你的書，聽了你的建議，投資波克夏股票，賺了 4 百萬。」「哇！恭喜恭喜！」宴席上，當好友述說著如何買賣波克夏股票讓他大賺一把，滿面春風跟大夥推薦我時，我說：「你只聽進了一半我的話，若你不賣波克夏股票，我保證你賺得不只這 4 百萬，你會賺到 1 千萬。」走筆至此，波克夏股價又升破了他當初賣掉的股價。

> 投資波克夏，你永遠會嫌「賣太早」。所以，請認真聽：
> 波克夏股票的不敗買法就在於「不要賣掉波克夏股票」
> 不要賣！不要賣！不要賣！

很重要！所以要說三遍。

　　至於買進的策略，我重新整理成表 2-11。由於股價波動常會影響情緒起伏，一般人大撒幣買進波克夏股票後，常會「超級關注」波克夏股價，不只大漲大跌，連小漲小跌，都會動搖持股意願。所以，我認為「3 年 12 期保守的定期定額買進」策略最推廣給大家。做法是在未來 3 年中，每季固定的某日，以現有資金的 1/12 買進波克夏 B 股。這項策略的好處：一來，保守買在 3 年股價波動的平均值，雖沒買低，也不買高，比較經得起股價波動的考驗。二來，3 年 12 期慢慢買，讓自己有足夠的時間，更深入地認識波克夏和巴菲特。有關係就會關注，既要長相廝守，就要深入瞭解。不是嗎？

▼表 2-11：買波克夏股票投資策略

投資策略	做法	優點
3 年 12 期保守的定期定額買進	在未來 3 年中，每季固定的某日，以現有資金的 1/12 買進波克夏 B 股。	保守地買在 3 年股價波動的平均值，雖沒買低，也不買高，比較經得起股價波動的考驗。3 年 12 期慢慢買，讓自己有足夠的時間，更深入地認識波克夏和巴菲特。
3 個月 1 期存波克夏 B 股	以每 3 個月就存一次波克夏 B 股的觀念存股。	把買股票的思維改為存股票，而且是存好股，存波克夏 B 股，長期報酬率非常驚人。
PBR ≦ 1.5 以下隨時買	波克夏合理買進價格在本淨比 1.5 倍內，波克夏 B 股股價只要 PBR ≦ 1.5，有多餘的閒錢就陸陸續續買進。	波克夏每股帳面價值（BPS）年年成長，股價長期往上，愈早買進波克夏股票愈好。

資料來源：作者提供

第二推薦的策略「3 個月 1 期存波克夏 B 股」，做法是以每 3 個月就存一次波克夏 B 股的觀念存股。好處是把買股票的思維改為存股票，而且是存好股，存波克夏 B 股，存最好的股票，它的長期報酬率非常驚人。

最後推薦的投資策略「PBR ≦ 1.5 以下隨時買」。我們前一節提到波克夏合理買進價格在本淨比 1.5 倍內，所以波克夏 B 股股價只要 PBR ≦ 1.5，有多餘的閒錢就陸陸續續買進。這樣做的好處是波克夏每股帳面價值（BPS）年年成長，股價就會長期往上，所以愈早買進波克夏股票愈好。

「買進波克夏，股價會漲嗎？」「抱個 10 年肯定大漲。」
「那 5 年呢？」「應該會漲。」
「3 年呢？」「原則會漲，但不一定……」

我們用歷史股價，尤其是 2008 年金融海嘯時股價回彈時間來看看：金融海嘯前，波克夏 B 股股價正好上漲到高點，近 100 美元，如圖 2-12。金融海嘯最嚴重的時候股價幾乎腰斬，近 50 美元。一直到 2013 年 1 月，股價才再次回彈破原高點，時隔 5 年。

金融海嘯是近些年來美國最大的金融危機。危機前股價狂飆，危機時股價崩盤，讓危機後股價要回彈創新高非常不容易，波克夏 B 股用了 5 年的時間達標。所以，分散 3 年 12 期定期定額地買進波克夏股票，我認為比較能抵禦股價波動對獲利和心情的影響，也讓投資者更容易抱得牢。

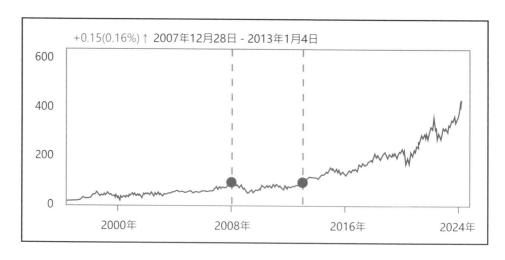

▲圖 2-12：金融海嘯後波克夏 B 股股價回彈原高點時隔 5 年。

資料來源：Yahoo Finance

■ 買進長抱撲滿存

　　第一本書 2015 年 9 月出版時，我就成立了臉書「擁抱巴菲特（邱涵能）」和部落格「共創價值投資」來跟讀者、粉絲互動，並發表新文章。直到現在還持續發布訊息並與讀者粉絲互動著，期望並歡迎新讀者你來粉專和部落格跟我互動喔！

　　在這期間，讀者常常問：「現在波克夏股價會不會太高了？」、「我現在買波克夏股票還來得及嗎？」、「波克夏股價又下跌了！」、「還跌很兇，我該怎麼辦？」、「我先賣一波，再來接。」……等等，猶豫不決的問題。

　　我們看看波克夏 B 股，自 2015 年 9 月中至 2024 年 3 月底的股價走勢，如圖 2-13。這 8 年半的時間，波克夏 B 股股價從 129.1 漲到 420.52，漲了 291.42，225.73%，也就是漲成 3 倍多的股價。每股帳面價值（BPS）更從 2015Q2 的 99.82，漲到 2023Q4 的 259.76，漲了 160.23%。

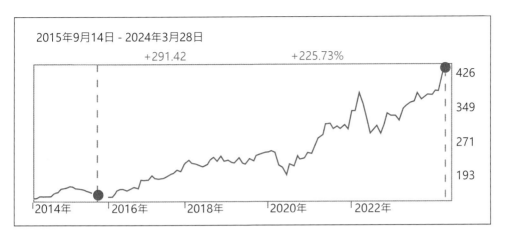

▲圖 2-13：波克夏 B 股自 2015 年 9 月中至 2024 年 3 月底股價走勢圖。

資料來源：Yahoo Finance

　　這 8 年半的時間，我的同事曾聽我的話買波克夏買在 144 的價格，我的朋友也曾買在 175 的價格，更不用說更多跟我分享過的讀者，陸續買在 200、290，甚至 350 的價格。這些不同時期、不同高低的買入價，相同的是「都可以賺錢」。事實上，很多人都賺錢了！只是有些人雖賺錢，投入的資金卻不多，賺得不多；有些人買了很多，也賺了很多；但更有些人買了，股價一下跌就賣了，虧了，不敢說。我前面提到的同事們、朋友們、讀者們，好多中途下車，他們都有賺，還有些人賺不少，但是就像我說的：「如果不賣，還可以賺更多！」

　　這期間，讀了我的書，聽了我的話，並真正能賺大錢的人，是一開始就陸陸續續買進波克夏股票，並且死抱不賣的人。我想，應該不多吧！

　　所以，買進波克夏股票邁向財務自由之路的關鍵是什麼？就是充分地瞭解，慢慢地買進，時時地進修的人。只有充分地瞭解波克夏公司，瞭解巴菲特和孟格，你才能有足夠的信心買進足夠多的波克夏股票。只有慢慢地一步步買進波克夏股票，克服股價波動帶來買高的風險，買在一段時間的平均值內，你才能安心抱股。只有不斷地閱讀巴菲特的信，閱讀我的書，閱讀我粉

專和部落格文章，你才能在股災中寬慰自己，在股價徘徊時勉勵自己：持續買進，堅持長抱，與波克夏共創價值。也唯有長抱不賣，你才能與波克夏一同成長，創造財富價值。

行文至此，我想起一位讀者，她也成了波克夏股東，2017 年親臨股東大會現場分享旅程。尤其她跟一位 88 歲老爺爺股東的合照，讓我印象深刻！滿臉皺紋的老爺爺股東比巴菲特大兩歲，年紀雖大身體卻硬朗，還和朋友開了一天半的車從賓州到奧馬哈來參加股東會。看來富裕似乎能讓人長壽又健康。我猜，老爺爺股東抱波克夏股票應該很久了，部位也應該相當的大，對巴菲特應該也是相當的瞭解與信任。

想像一下，如果你跟這位老爺爺股東一樣，只抱波克夏股票，而且抱的股份大到能讓你財務自由，持股成本又非常低。假設低到 BRK.A = 15,000 的股價，這可是 BRK.B = 10 的股價了。這時你會關注波克夏的什麼？當然是巴菲特和孟格（當時還健在）的健康狀態和精神狀況，還有接班工程，還有波克夏子公司和投資組合公司的競爭力。除此之外，你覺得老爺爺股東會關心波克夏股價的漲跌嗎？即使 BRK.B 股價從 400 跌到 200，甚至跌到 100，對老爺爺股東有差嗎？他很早就財務自由了，錢多一點、少一點有什麼差嗎？所以我想，他更關注的是波克夏的 CEO 是否有做蠢事？只要 CEO 不犯致命的錯誤，他的持股價值就不會大變動。他也關注波克夏的內在價值，或者說每股帳面價值（BPS），是否還能年年成長？只要內在價值成長，他的持股價值就會「實質地」成長。長久來看，財富就會呈複利式的成長。

這就是巴菲特主義價值投資之道！

讀者可能大多數跟我一樣，小散戶小資族居多。我們都努力追求財務自由，所以投資上可能比較急功近利。但是，想想老爺爺股東的例子，我們比較能看清楚投資波克夏的真道，也比較能理解本書提到「不要賣波克夏股票」的邏輯。

讓我們像存撲滿一樣地存波克夏股票。像老爺爺股東一樣，每年仔細閱讀巴菲特或將來他接班人的信與年報。每年股東大會時，關心一下巴菲特或他的接班人是否健康，腦袋是否清楚，就好了。還有，常常反覆閱讀這本書喔！

股東典範柏蒂妹

前文我們講了，投資波克夏股票的不敗買法就在於「不要賣」，也講了要像老爺爺股東一樣，像存撲滿一樣的存波克夏股票。

「可以說說邱老師你自己投資波克夏的經驗嗎？或者還有個『完美股東典範』讓我們學習？」

先說說我自己「揪心肝的波克夏股票投資史」：

我在 2011 年開始投資美股，當時讀了屏科大 EMBA，開始鑽研股票，非常想投資股神巴菲特的公司，可是不知道哪裡可以開戶，幸好有位教授推薦了我第一證券（Firstrade）美國網路券商。

當時一開戶就買波克夏 B 股（BRK.B），我還記得當時股價是 85 美元，我嫌貴，於是特別向天主祈求：賜我有 80 以下的價格可以買入 BRK.B。結果，天主俯聽了我的祈禱，BRK.B 一路跌到 83、80、79⋯⋯我一路買，一路買，買到 75 時資金用盡，只能看著它繼續一路猛跌，最低跌到 66。

我當時買到的 BRK.B 平均價格是 79.5 美元，你沒看錯，若放到最新的 2023Q4 每股帳面價值 BPS = 259.76 來算，本淨比才 0.31 倍（PBR = 0.31），僅占每股帳面價值（BPS）的不到 1/3。甚至以 2024 年 2 月 26 日最高股價 430 美元來算，獲利是 441%。多美妙啊！

後來的事……老讀者都知道：因為漫長的股價低迷讓我按捺不住，在隔年 2012 年股價高漲至 86 美元左右時，算是從最低價 66 漲 30%，我「暫時」清倉了，賣光了。我打的如意算盤是：等它再跌到 80 以下，我再逐步建倉，買更多。但股價未來的走勢總不是過去歷史的足跡。2012 年底美國聯準會為救經濟，量化寬鬆政策（QE）大印鈔票，結果美股狂飆，BRK.B 從此再也看不到 2 位數價格的車尾燈。等到 2014 年才重新建倉買進 BRK.B 時，已是 129 了。

搥心肝的事不只是 86 清倉了 BRK.B，現在算算當時買到最多 BRK.B 的股數，跟現在手中單單只抱波克夏股票的股數相比，也沒有差很多。似乎我這麼多年汲汲營營地投資股票都「做白工」了！

以史為鑑，我們再回頭看看巴菲特 2023 年度給股東的信，巴菲特自問到：「波克夏追求的股東類型是怎麼樣的呢？」波克夏要為了服務怎樣類型的股東而努力奮鬥呢？

巴菲特找到了一個完美股東典範：他的親妹妹柏蒂（Bertie）。她從 1980 年起，放棄原先自己主動選股投資的方式，全部押注波克夏股票和共同基金，不再做其他交易，如今成功致富。我們來看看巴菲特怎麼形容完美股東典範柏蒂妹妹：

「她聰明、睿智，喜歡挑戰哥哥的思維。與大多數股東一樣，柏蒂對會計術語有一定的瞭解，她關注商業新聞，每天閱讀四份報紙，但她並不認為自己是經濟專家。她明白，權威人士的觀點往往並不可靠，因此總是保持謹慎和獨立思考。簡而言之，她並非易於受騙之人。

「柏蒂 1956 年組建家庭後，20 年來一直活躍在金融領域：她持有債券，將 1/3 的資金投資於上市共同基金，並買賣股票。她的投資潛力一直未被發掘。

「1980 年，46 歲的柏蒂不顧哥哥（巴菲特）的勸說，執意全押波克夏股票。接下來的 43 年裡，她只保留了共同基金和波克夏股票，沒有進行任何新的交易。幾十年後，柏蒂成為了美國最偉大的投資者之一，她變得非常富有，甚至在捐出 9 位數美元的大筆慈善捐款後也是如此。

「現在，每年柏蒂都會仔細閱讀我寫給股東的信，期待從中獲取有價值的資訊。柏蒂投資不會冒任何風險，每年 5 月都會回到奧馬哈參加波克夏股東大會，重新充電。」

巴菲特因此建議，為數眾多的投資者要遵循柏蒂的投資推理，像她一樣，把所有的錢都投到波克夏股票上，然後就不再進行任何新的交易。

波克夏追求的完美股東典範就是像柏蒂妹妹，把主要的資產投注在波克夏股票上，不再進行新交易。巴菲特說，波克夏就是要為這樣類型的股東努力奮鬥，賺取投資報酬率的最大化。

如今，師法前車之鑑的我，已將幾乎全部的資產投入在波克夏股票上。我應該要好好仿效完美股東典範柏蒂妹妹，努力擁抱波克夏股票，不再任意進出，告別揪心肝的股票投資史。

正如巴菲特說到波克夏的中心思想：「保護股東利益為出發點，嚴格恪守對股東的承諾，避免股東遭受永久財損，得到長期穩定投資回報，成就願作終身股東的夥伴。」才是我放心去全力押注，願作終身股東的股票。

> 「上主，我的磐石，我的救主！願我口中的話，並願我心中的思慮，常在你前蒙受悅納！」（詠 19:15）

‖ 高速成長成過去？ ‖

時常有人質疑我：

「邱老師：你說波克夏股價過去 59 年成長 4 萬多倍，年複成長率 19.8%。是否已成過去式，未來會不會再出現這樣高速成長？」

「是的。未來絕不可能像過去一樣，一直達到年複 19.8% 的高速成長率。」

「巴菲特股神般的投資績效，未來他的接班人還能複製股神模式嗎？」

「股神只有一個，巴菲特不可能被複製，他的接班人自有他們的天空、他們的方式。至少，巴菲特的績效和模式不可能被複製。」

我們從波克夏年報所列「歷年來波克夏每股帳面價值（BPS）、股價與標普五百指數年度成長率」的表格，如表 1-2、表 2-12，做成走勢圖，來分析看看[2]。

註 2：波克夏年報所列「歷年來波克夏每股帳面價值、股價與標普五百指數年度成長率表」，2023 年度年報只列「波克夏股價與標普五百指數」年度成長率表，如表 1-2。要包含每股帳面價值的表，最後一張是 2018 年度年報，如表 2-12。走勢圖結合了前兩張表格，每股帳面價值只算到 2018 年度。

▼表 2-12：波克夏 1965~2018 年每股帳面價值年複成長率

Berkshire's Performance vs. the S&P 500

Year	Annual Percentage Change		
	in Per-Share Book Value of Berkshire	in Per-Share Market Value of Berkshire	in S&P 500 with Dividends Included
1965	23.8	49.5	10.0
1966	20.3	(3.4)	(11.7)
1967	11.0	13.3	30.9
1968	19.0	77.8	11.0
1969	16.2	19.4	(8.4)
1970	12.0	(4.6)	3.9
1971	16.4	80.5	14.6
1972	21.7	8.1	18.9
1973	4.7	(2.5)	(14.8)
1974	5.5	(48.7)	(26.4)
1975	21.9	2.5	37.2
1976	59.3	129.3	23.6
1977	31.9	46.8	(7.4)
1978	24.0	14.5	6.4
1979	35.7	102.5	18.2
1980	19.3	32.8	32.3
1981	31.4	31.8	(5.0)
1982	40.0	38.4	21.4
1983	32.3	69.0	22.4
1984	13.6	(2.7)	6.1
1985	48.2	93.7	31.6
1986	26.1	14.2	18.6
1987	19.5	4.6	5.1
1988	20.1	59.3	16.6
1989	44.4	84.6	31.7
1990	7.4	(23.1)	(3.1)
1991	39.6	35.6	30.5
1992	20.3	29.8	7.6
1993	14.3	38.9	10.1
1994	13.9	25.0	1.3
1995	43.1	57.4	37.6
1996	31.8	6.2	23.0
1997	34.1	34.9	33.4
1998	48.3	52.2	28.6
1999	0.5	(19.9)	21.0
2000	6.5	26.6	(9.1)
2001	(6.2)	6.5	(11.9)
2002	10.0	(3.8)	(22.1)
2003	21.0	15.8	28.7
2004	10.5	4.3	10.9
2005	6.4	0.8	4.9
2006	18.4	24.1	15.8
2007	11.0	28.7	5.5
2008	(9.6)	(31.8)	(37.0)
2009	19.8	2.7	26.5
2010	13.0	21.4	15.1
2011	4.6	(4.7)	2.1
2012	14.4	16.8	16.0
2013	18.2	32.7	32.4
2014	8.3	27.0	13.7
2015	6.4	(12.5)	1.4
2016	10.7	23.4	12.0
2017	23.0	21.9	21.8
2018	0.4	2.8	(4.4)
Compounded Annual Gain – 1965-2018	18.7%	20.5%	9.7%
Overall Gain – 1964-2018	1,091,899%	2,472,627%	15,019%

Note: Data are for calendar years with these exceptions: 1965 and 1966, year ended 9/30; 1967, 15 months ended 12/31. Starting in 1979, accounting rules required insurance companies to value the equity securities they hold at market rather than at the lower of cost or market, which was previously the requirement. In this table, Berkshire's results through 1978 have been restated to conform to the changed rules. In all other respects, the results are calculated using the numbers originally reported. The S&P 500 numbers are **pre-tax** whereas the Berkshire numbers are **after-tax**. If a corporation such as Berkshire were simply to have owned the S&P 500 and accrued the appropriate taxes, its results would have lagged the S&P 500 in years when that index showed a positive return, but would have exceeded the S&P 500 in years when the index showed a negative return. Over the years, the tax costs would have caused the aggregate lag to be substantial.

2

資料來源：波克夏 2018 年度年報

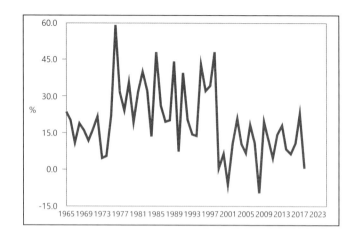

▲圖 2-14：波克夏每股帳面價值年度成長率走勢圖。

資料來源：作者整理

　　如圖 2-14，早期波克夏每股帳面價值是高成長、高波動，尤其自 1975 年波克夏站穩金融控股公司腳步之後，維持了 24 年的高成長時期，直到 1999 年以後才步入低成長時期。

　　如圖 2-15，隨著波克夏每股帳面價值早期的高成長到近期的低成長，波克夏股價成長率也跟著從早期的大幅波動，到近期逐漸地波動變小。由此可見，波克夏近期的股價比較會「抗跌」，但也比較不會「飆漲」。

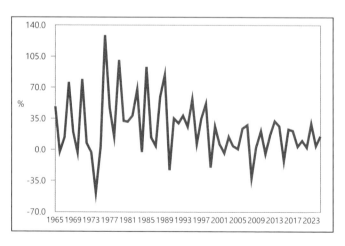

▲圖 2-15：波克夏股價年度成長率走勢圖。

資料來源：作者整理

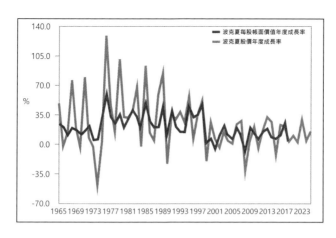

▲圖 2-16：波克夏每股帳面價值與股價年度成長率走勢圖。

資料來源：作者整理

如圖 2-16，若依巴菲特早期說過「波克夏每股帳面價值比較符合每年內在價值的成長率」來看，這張圖更能看出「醉漢與狗」理論的實現：小幅波動的每股帳面價值是「醉漢」，跟著大幅波動的股價是要隨著醉漢回家的「狗」。

如圖 2-17，59 年來，波克夏股價漲 4.3 萬多倍，同期標普五百指數只漲312 倍。從這張圖可看出波克夏股價年度成長率波動較大，尤其是在早期，形成「大複利效果」，雖然也有 4 次跌幅遠大於標普五百指數。近期波克夏股價年度成長率波動雖然較小，接近標普五百指數，但是我們前文提到：近期總成長率還是贏過標普五百指數！

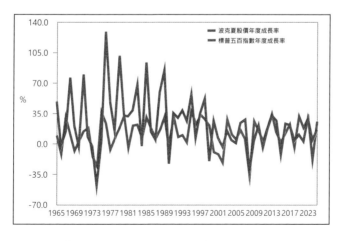

▲圖 2-17：波克夏股價與標普五百指數年度成長率走勢圖。

資料來源：作者整理

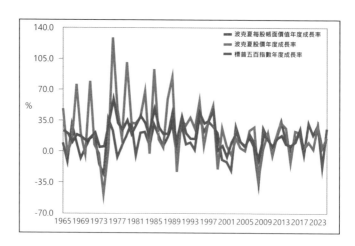

▲圖 2-18：波克夏每股帳面價值、股價與標普五百指數年度成長率走勢圖。

資料來源：作者整理

如圖 2-18，帳面價值、股價與標普五百指數年度成長率，這 3 者的波動幅度雖然不一樣，但走勢卻蠻接近的。應驗了巴菲特的話：波克夏是搭「美國順風車」成長的。

總而言之，波克夏早期高成長率高波動性的高速成長型式，真的已經過去。但近期雖然較低成長率低波動性，也沒不好，反倒成了「穩定成長股」和「抗跌股」。

是什麼原因造成波克夏最近 20 幾年成長率偏低呢？

有人說，因為波克夏都只買進傳統產業的價值型股票，不買高科技股，所以成長率跟不上近年來「當紅炸子雞」的高科技飆股。事實是波克夏現在投資組合裡持股最大的就是蘋果股票，高科技新貴，還持股比例過半。除此之外，還有 0.44% 極少部位的亞馬遜股票。之前，波克夏也持有過科技業的 IBM。

有人說，因為波克夏保留過於龐大的資金，沒有積極買股與收購，只小部分回購股票。是的，自 2008 年金融海嘯後，波克夏是保留過多的資金等待

「獵大象」，但大象沒出現，只出現了疣豬、斑馬大小的獵物可獵。金融海嘯後出現超大超長的大牛市，雖然其間受到 COVID-19 疫情的影響，短暫大回檔，卻出現 V 型大反彈。主要原因是美國聯準會量化寬鬆政策印了大量的鈔票，超量的貨幣追逐有限的資源，造成股價一路狂漲。尤其美國經濟復甦比歐日中都還要快。飆漲的股市不適合巴菲特主義價值投資者入手，形成大牛市波克夏買得少，買得不大，一直保留大量資金在場邊等待著，成長率也沒那麼亮麗。

買股收購不夠積極是其次，真正讓波克夏成長趨緩的主因，是波克夏的規模過於龐大。這也是巴菲特和孟格共同認為的主因。試想一下：

當你有 100 萬的資本，你若能獲利賺進 100 萬，投資報酬率就能達到 100%。當你有 1,000 萬的資本，你的獲利還只是賺進 100 萬時，投資報酬率就掉到 10%。你得賺進 1,000 萬才能維持 100% 的投資報酬率。當你有 1 億的資本，1,000 萬的獲利一樣讓你的投資報酬率掉到 10%。最後，當你跟波克夏一樣擁有 5,000 多億的股東資本時，你的投資報酬率想達到 10%，獲利就得賺進 500 多億。比起當初，多難啊！

規模太大才是讓波克夏無法再高速成長的主因

即使未來波克夏不再高速成長，但跟著現階段波克夏穩定的成長，投資拉到長期來看，其複利效果還是很不錯！舉例來說，如表 2-13。

▼表 2-13：波克夏年複成長率與長期投資成長倍數

年複成長率	15%	10.0%	8%
投資 10 年成長倍數	4.0 倍	2.6 倍	2.2 倍
投資 20 年成長倍數	16.4 倍	6.7 倍	4.7 倍
投資 30 年成長倍數	66.2 倍	17.4 倍	10.1 倍

資料來源：作者提供

若波克夏能有 15% 的年複成長率，
10 年後，投資成長到原來的 4.0 倍；
20 年後，投資成長到原來的 16.4 倍；
30 年後，投資成長到原來的 66.2 倍。

若波克夏能有 10% 的年複成長率，
10 年後，投資成長到原來的 2.6 倍；
20 年後，投資成長到原來的 6.7 倍；
30 年後，投資成長到原來的 17.4 倍。

若波克夏能有 8% 的年複成長率，
10 年後，投資成長到原來的 2.2 倍；
20 年後，投資成長到原來的 4.7 倍；
30 年後，投資成長到原來的 10.1 倍。

由此可見，投資波克夏股票長期複利的效果還是不錯！尤其你若能年年再投入更多的資金，形成更大的複利威力，滾出愈大的雪球。因為波克夏股票就是巴菲特所說的「雪球股」：你先要有一把濕漉漉的雪團，還要有一條夠長的坡道。

你要投資雪球股，除了它穩定的成長性外，我覺得最重要的是「投資安全性」。不然，一旦公司發生財務危機或經營不善，股票下市甚至公司破產，那可就化為烏有。

雖然現今波克夏難高速成長，但相對各間股票上市公司，波克夏還是能持續成長，股價也能持續上漲，這是因為它的「金融控股公司」產業特性。波克夏可以透過耐久競爭力子公司和股票投資組合公司，共同成長，共創價值。一旦子公司的產業沒落，就收拾起來，轉換跑道，就像當年紡織廠的波克夏轉型為金融控股公司，雖然不容易，但也只是些子公司可能需要如此。也可能不去轉型，而將這樣沒落的子公司賣出，汰弱留強。投資組合的持股

公司若也面臨產業沒落的問題時，更好的處理：賣掉股票，清倉就好。可是同樣是「產業沒落」的問題落在其他單一產業的股票上市公司上，就沒那麼容易，畢竟大象轉身不容易。

許多股票高漲的當紅明星公司，大夥都只看到它們今日睥睨群雄的風光時刻，卻看不到有朝一日，可能面臨競爭對手破壞式創新的風險。屆時，產業要轉型不容易，股價也會不留情面，馬上溜滑梯一路滑下去。

波克夏之所以能持續成長，是因為其「金融控股公司」的產業特性，較無產業轉型的需要。不像其他單一產業的股票公司，可能面臨競爭對手破壞式創新，而導致產業必須轉型卻不容易的風險。

波克夏堅若磐石的財務結構，血管裡流著波克夏文化血液的接班人，加上巴菲特主義價值投資觀的穩健公司文化，都是讓我們可以安心地投資，安心地抱股，陪伴它複利成長，結出財務自由的果實。

波克夏高速成長的時代已成過去，這是事實。但是，我們現在也找不到比它更合適的投資標的。下一章，我們來分析看看其他各式各樣的投資標的，它們真的比波克夏更好嗎？更適合投資嗎？更安全嗎？報酬率，尤其「長期」的報酬率真的能贏波克夏嗎？

「你們仰觀天空的飛鳥，牠們不播種，也不收穫，也不在糧倉裡屯積，你們的天父還是養活牠們；你們不比牠們更貴重嗎？」（瑪 6:26）

‖ 公司文化得永續 ‖

　　波克夏的接班議題、波克夏的文化傳承、波克夏的獲利持續一直都是市場關注的話題，也是許多想要投資波克夏、想要享受波克夏過去榮光可以永續的投資人，心中最大的疑問。這個問題的關鍵在於：波克夏除了股神巴菲特精準投資和放任式管理之外，是否有一個可以讓公司永續經營的「文化特質」？畢竟，文化才是能長長久久持續下去的無形資產。

　　商周 2024 年 4 月出版了一本新書《巴菲特選好公司的 9 大原則》，作者是勞倫斯·康寧漢（Lawrence A. Cunningham）。老巴菲特粉對作者不陌生，他就是坊間暢銷的《巴菲特寫給股東的信》一書作者，書在華文界已被多次翻譯成中文，我最喜歡的是張淑芬翻譯的那版，可惜絕版了。再查一下發現商周這本新書「不是新書」！它早已在 2015 年 9 月就已出版過，而且還是同一位譯者許恬寧，當時的中文書名是《少了巴菲特，波克夏行不行？》，英文原著同名《Berkshire Beyond Buffett: The Enduring Value of Values》。

　　康寧漢在書中前言寫到，就他個人掌握到資料，對波克夏未來充滿信心，但是市場上的質疑聲浪一直都不小。於是他做了各方面的研究，把所有線索加在一起後，歸納出 9 種波克夏獨有的文化特質，他以波克夏（Berkshire）的英文字母用來寫出這 9 種文化特質：

　　B 精打細算、E 真誠、R 信譽、K 家族力量、S 開創精神、
　　H 不干涉原則、I 精明投資、R 堅守基本產業、E 永續。

這 9 種特質看起來，都蠻像巴菲特收購子公司跟經營母公司的特質，更像是子公司經營上實際的特質。康寧漢以代表性子公司舉例說明：

汽車產險 GEICO，精打細算特質；

通用再保公司，真誠特質；

房屋製造和貸款的客來頓家園，信譽特質；

B 太太的內布拉斯加家具店，家族力量特質；

飛機駕駛者培訓公司飛安和商務包機的航網噴射機隊，開創精神特質；

各式各樣家用產品製造銷售商的管理母公司史考特飛茲公司，不干涉原則特質；

雜貨經銷商麥克倫公司，精明投資特質；

寬幅絨毛地毯商絪產業，堅守基本產業特質；

運動服和運動鞋品牌商布魯克運動用品，永續特質。

康寧漢的研究與歸納蠻值得波克夏股東參考。除此之外，我覺得，公司文化特質應該要用很簡短的一兩句話來形容，而且要能夠是「彌漫」整個公司的文化，迥異於其他公司的文化特質。因此，對於波克夏獨有的文化，我認為是：

波克夏文化
1. 誠實信用是好事。
2. 自我實現靠工作。

孟格是「股神進化推手」。巴菲特常講：孟格啟示了他要買偉大公司，不要雪茄屁股。可是，若我們聽孟格的談話，看孟格的文章，尤其讀孟格的書《窮查理的普通常識》，你會發現：孟格用了很大篇幅在講「道德」。

孟格在書中第八講「2003 年的金融大醜聞」，透過道德寓言劇說到：真正的罪魁禍首是頂峰人士，他們因著「謊言與欺騙」設定有瑕疵的規則，釀成了金融大醜聞。因此，若要相反「謊言與欺騙」，那就是要「誠實與信用」。

孟格常引用富蘭克林的話：「他並沒有說誠實是最好的道德品質，他說誠實是最好的策略。」因為「你說真話，就不用記住謊言啦！」

巴菲特和孟格認為「誠實信用是好事」。因此，他們的年報和給股東信也勇於承認犯錯。有誠信的 CEO，股東才能知道自己看到的、聽到的是「真的」，不管是好消息還是壞消息，絕不是假的。公司推行誠信文化，且上行下效，才能物以類聚，你才知道底下的人不會欺瞞造假。巴菲特推崇子公司經理人具有的三項特質：熱愛自己的工作，想法跟股東一致，且充滿正直心與卓越的能力。不然，他要欺瞞你，你很難發覺。投資人要長長久久投資一間公司，除了它的耐久競爭力外，重視誠實與信用的公司文化才是最要考量的。

另一個波克夏文化是「自我實現靠工作」。「自我實現」是心理學家馬斯洛所提出「需求層次論」最高一層的心理需求，如圖 2-19。個人在滿足了基本的生理需求、安全需求、社會需求、尊重需求後，會追求自我實現，成就圓滿人生。尤其愈高階的經理人，愈富裕的人以及財務自由的人，愈是追求自我實現。

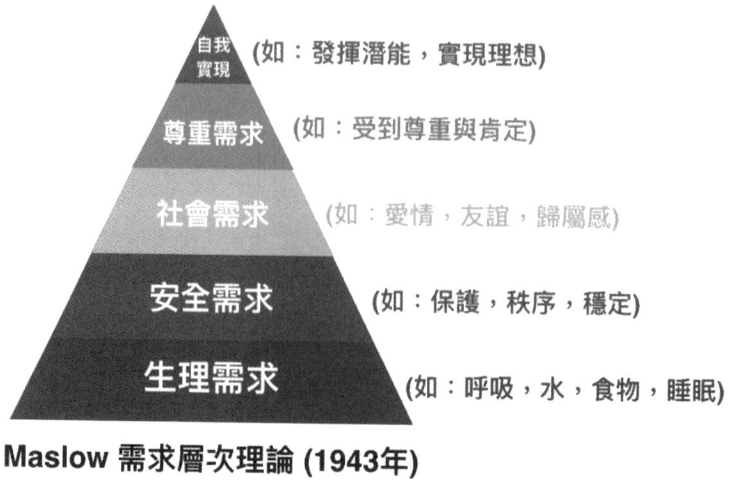

自我實現 (如：發揮潛能，實現理想)

尊重需求 (如：受到尊重與肯定)

社會需求 (如：愛情，友誼，歸屬感)

安全需求 (如：保護，秩序，穩定)

生理需求 (如：呼吸，水，食物，睡眠)

Maslow 需求層次理論 (1943年)

▲圖 2-19：馬斯洛（Maslow）需求層次論。

資料來源：葉俊樘醫師

巴菲特說：「我們很多子公司經理人本身就很有錢，這並不降低他們對工作的興趣，他們選擇繼續工作是因為熱愛自己的工作，並且充分享受因表現傑出而帶來的成就感。」這不就是從工作中得到自我實現的印證嗎？

又說：「如果你手底下的經理人才德兼備，又對工作充滿熱誠，即使有超過一打這樣的人向你報告，你還是有時間睡個午覺。」這正是波克夏放任管理的特質：子公司經理人主要是為了從工作中得到自我實現，不是為了你家長式的管理而工作，更不再只是為了錢而工作。

這就是波克夏「自我實現靠工作」文化的積極性。落實到公司的成長與永續經營上，「如果我們能雇用比自己高大的人，我們就會變成一群巨人。」

同樣孟格也說：「我們會選擇讓我們非常欽佩的人來管理子公司，由他們自行決定，我們並不干預，而且他們總是能夠積極進取，即時更正以往的錯誤。」

類似的例子，孟格有提到，麥當勞是最值得尊敬的機構，它為數百萬青少年提供第一份工作，教導他們人生最重要的一課：承擔工作的責任，做可靠的人。同時呼應了波克夏「誠實信用是好事」和「自我實現靠工作」的文化。讀過孟格的這段話後，我每次去麥當勞，都懷著敬畏之心以及關懷的眼光，去看看他們的工讀生呢！

有人問孟格：年輕人在工作中應該追求什麼？孟格說他對工作有三個基本原則：別兜售你自己不會購買的東西，別為你不尊敬、不欽佩的人工作，只跟你喜歡的人共事。其實他這三個原則，又緊扣住「誠實信用是好事」和「自我實現靠工作」這兩個波克夏文化。波克夏有這樣的文化，公司才能長長久久地永續經營下去，我們波克夏股東權益才得到保障！

「信德是所希望之事的擔保，是未見之事的確證。」（希 11:1）

Chapter 3

其他標的
比得上？

比較其他標的物，能否堪比波克夏

在這章中，除了我單單推薦的波克夏股票外，我們來看看其
他投資標的。它們是怎麼樣的類型？有什麼樣的特性？它們
是否適合投資？投資報酬率和安全性比得上波克夏股票嗎？

‖ 股票基金看柏格 ‖

　　坊間很多選股投資的書，不管是台股的還是美股的，他們通常都會列出一長串值得投資的股票，推薦給讀者參考。好像只有我的書例外，只推薦一檔股票而已。而會找書來看的讀者，我猜都是認為自己可以學習選股，由自己來設計合適的投資組合。事實上，也因此成就了很多「青出於藍」的投資家，我自己就是。然而，真實的情況，真的是大夥都做得到嗎？都賺多賠少嗎？大夥真的有藉著投資讓資產年年增值，且是複利式的增值嗎？

　　管理學上有個 80 / 20 法則，套用在股市上，股市投資永遠是「80% 的人賠錢，20% 的人賺錢」。更極端的情形是「雖說 20% 的人賺錢，但只有 1% 的人賺大錢」。散戶，你認清事實了嗎？

　　巴菲特為此推薦某一個人的方式給大家：

　　柏格（John Bogle），他是巴菲特在 2016 年度給股東信上讚譽：「若要樹立一座雕像，紀念對美國投資者做出最大貢獻的人，毫無疑問就是柏格。」

　　柏格的思維與作法是什麼？在《約翰柏格投資常識》一書，他說：「投資致勝策略，就是按照低廉的成本，擁有全部公開上市的股票。而執行這項策略的最好辦法，就是買進投資整體市場股票組合的基金，並永久持有。」

　　巴菲特認同這種方法，推崇投資柏格最推薦的「 標普五百指數基金」，並長期持有，尤其是柏格所創辦的先鋒集團的大盤指數基金。在 2017 年度給股東信中，巴菲特因此提到他與基金經理人的「十年投資對賭」，我們來看看這個故事。

故事的起緣是，亞馬遜 CEO 貝佐斯成立一個「長期賭注（Long Bets）」的非營利組織。賭注方法：在其網站提出一個命題，等待提出相反看法的人加入賭局，雙方下注後各自指定一間慈善機構，等時間到了，賭局結束，Long Bets 會將全部賭金支付給獲勝一方指定的慈善機構。

巴菲特 2005 年就下了 50 萬美元的賭注，命題是「由專業經理人管理的主動型對沖基金，10 年後投資報酬率，會輸給被動型的先鋒集團標普五百指數型基金。」

但等了又等，無人應戰。直到 2008 年，對沖基金 Protégé 的經理人 Ted Seides 應戰。他挑選了 5 檔基金，而這 5 檔基金又把資金投資到總共 100 多檔的對沖基金裡，形成上百位操盤的基金經理人，對上單單一個被動投資大盤的先鋒標普五百指數基金。

10 年之後的 2017 年，對賭結果，如表 3-1。

▼表 3-1：巴菲特與對沖基金經理人 10 年對賭投資報酬率表

Year	Fund-of-Funds A	Fund-of-Funds B	Fund-of-Funds C	Fund-of-Funds D	Fund-of-Funds E	S&P Index Fund
2008	-16.5%	-22.3%	-21.3%	-29.3%	-30.1%	-37.0%
2009	11.3%	14.5%	21.4%	16.5%	16.8%	26.6%
2010	5.9%	6.8%	13.3%	4.9%	11.9%	15.1%
2011	-6.3%	-1.3%	5.9%	-6.3%	-2.8%	2.1%
2012	3.4%	9.6%	5.7%	6.2%	9.1%	16.0%
2013	10.5%	15.2%	8.8%	14.2%	14.4%	32.3%
2014	4.7%	4.0%	18.9%	0.7%	-2.1%	13.6%
2015	1.6%	2.5%	5.4%	1.4%	-5.0%	1.4%
2016	-3.2%	1.9%	-1.7%	2.5%	4.4%	11.9%
2017	12.2%	10.6%	15.6%	N/A	18.0%	21.8%
Final Gain	21.7%	42.3%	87.7%	2.8%	27.0%	125.8%
Average Annual Gain	2.0%	3.6%	6.5%	0.3%	2.4%	8.5%

說明：Protégé 經理人 Ted Seides 挑選的 5 檔基金（A ～ E）對上先鋒標普五百指數基金（S&P）。
2008 ～ 2017 年 10 年的總報酬率與年複成長率。
資料來源：波克夏 2017 年度年報

先鋒標普五百指數基金 10 年總報酬率 125.8%，年複成長率 8.5%。

Protégé 經理人 Ted Seides 挑選的 5 檔基金，內含 100 多檔的對沖基金，10 年 5 檔基金平均總報酬率 36.3%，年複成長率 3.1%。

巴菲特大獲全勝！巴菲特還補充說明：在這 10 年間，市場行為並沒有任何異常之處。

考慮現金的通膨貶值因素，對賭賭金本來他們協定以美國國債支付。他們以買時打 64 折，賣時可預期有年複利率 4.56% 價格的美國零息國債，支付賭金給慈善機構。但是到了 2012 年的賭注第 5 年，情勢迴變，他們持有的國債已達不到預期的賭注價格。於是，巴菲特跟 Ted Seides 商量，將當時的美國國債賭金全部轉換成波克夏 B 股（BRK.B）。巴菲特還承諾，若到時所持波克夏股票的價格達不到 100 萬美元，少的由他支付。

結果如何？由於波克夏內在價值的增長帶動股價上漲，巴菲特指定的慈善機構「奧馬哈的 Girls 公司」竟收到 222 萬美元的捐款，比原先預期的 100 萬美元多了 122%！

這說明了什麼？說明若要期望長期投資得好報酬，就選波克夏股票吧！

巴菲特針對這場賭局提出的教訓：「堅持只做重大且容易的投資決策，避開頻繁交易。」

在這 10 年賭局中，多少聰明、精算、鑽研的基金經理人，做出了數以萬計的投資決策。然而，他們卻輸給單純標普五百指數被動型基金 8.5% 的年複成長率。巴菲特說，基金投資人經歷了一個「失落的十年」，因為真正的利潤只屬於基金經理人。當時，巴菲特又強調說：波克夏自 2012 年以來並沒有表現十分出色，但是在多元化且扎實的事業體下，波克夏的保留盈餘能創造不低於 8% 的年複成長率！即使，當時經濟表現平平。

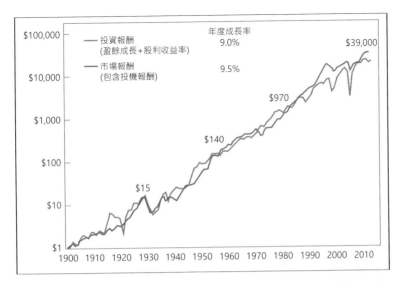

▲圖 3-1：美股 1900 ～ 2016 年投資報酬與市場報酬的比較。

資料來源：《約翰柏格投資常識》

　　柏格所謂投資標普五百指數基金，就是投資美股前五百大公司，每個公司都買一些股票，來分散投資風險。柏格舉例在美股 100 多年的年複成長率達到 9.5% 左右，幾乎是大敗所有共同基金，有美股百年歷史績效見證，如圖 3-1。

　　但是，只有巴菲特和波克夏是個另類！在波克夏半個多世紀的時間大敗標普五百指數。若加上巴菲特合夥公司，差不多近 70 多年的時間成長了 37 萬倍，也大敗美股 116 年的成長 3.9 萬倍。

　　從指定標普五百指數基金對賭的賭局，到賭金轉進波克夏 B 股創造賭金成長，巴菲特再度為波克夏公司，為投資波克夏股票背書：波克夏每股內在價值的成長絕對不會輸給標普五百指數，不然還要它幹嘛？

　　或許再把時間拉長到未來 100 年，江山代有才人出、一代新人換舊人的標普五百指數，還是有可能勝波克夏。因為，標普五百指數的成分股隨著時代的變遷，不斷汰舊換新，重現華山論劍的東邪、西狂、南僧、北俠、中頑童「新中原五絕」。但目前我們還沒看到波克夏輸的那一天。

今天投資波克夏股票就像是撒在地裡的好種子，假以時日，有結三十倍的、六十倍的、一百倍的。

「看，有個撒種的出去撒種；他撒種的時候，有的落在好地裡，就結了實：有一百倍的，有六十倍的，有三十倍的。」（瑪 13:3,4,8）

‖ 台股美股 ETF ‖

　　柏格最推薦的指數基金型態是 TIF（傳統型指數基金），不是 ETF（指數股票型基金）。因為，TIF 的交易成本最低，而且幾乎沒有股票買賣的周轉成本。ETF 則成了 TIF 的短線交易工具，拉高了交易成本和周轉成本。但我找了找，柏格的先鋒集團 TIF 型的標普指數基金有 VFINX，可是它已經不對新投資者開放了，也就是說我們買不到了。如圖 3-2，VFINX 現在的成交量是 0，沒有讓投資者買賣。再加上現在主流是 ETF，所以我們下面就只講ETF（指數股票型基金）。

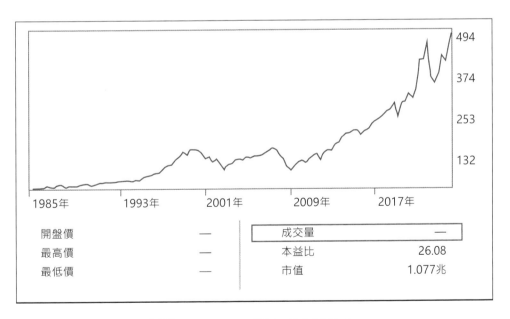

開盤價	—	成交量	—
最高價	—	本益比	26.08
最低價	—	市值	1.077兆

▲圖 3-2：VFINX 現在成交量是 0。

資料來源：Yahoo Finance

柏格最建議的投資致勝策略：「買進投資整體市場股票組合的基金，並永久持有。」我們如今可以理解成：買進代表大盤前幾十大、幾百大藍籌股的 ETF。例如，台股的前五十大藍籌股的「台灣五十」；代表美股大盤如道瓊、標普五百、羅素兩千等等的 ETF。

先說台股，被動投資大盤歷史最悠久的莫過於元大台灣五十（0050），它成立於 2003 年 6 月 25 日。之後更多券商仿造它，陸續推出也有 50 檔或 100 檔大型股組成的 ETF。

如何挑選這些代表大盤的 ETF：

1. 挑實不挑虛：挑有實際買進股票的 ETF，不要挑「追蹤其他指數或期貨」的 ETF。後者往往沒有實際持股，沒有實際資產價值，往往股災一來，投資人拿不到任何東西。
2. 挑老牌經過時間考驗過的 ETF。畢竟，新上市的 ETF，誰知道下次股災來會變成怎麼樣？重點是在 ETF 的投資人。老牌 ETF 的投資人相對比較保守，比較抱得牢，也經歷過股災的動盪，比較不會被洗出。
3. 去看看它的持股內容和比率，你接不接受。是否它持有的一些股票，是你不能接受的股票或產業，或者某些股票占比太高，你不喜歡。
4. 規模大一點，易買易賣易成交。
5. 手續費低一點，報酬率才能高一點。

若這樣比較起來，台股的元大台灣五十似乎比較好。但我聽到另一種說法是：只要選擇台灣前 50 大的 ETF 來定期定額、長期投資，只要它跟大盤連動性高，時間一久，大夥的獲利也會差不多。值得參考！

投資大盤 ETF 要注意的事項：

1. 長期持有，要用錢才賣。
2. 定期定額分批買入，最好定期買入的時間拉長一點，避開股市過大的波動。
3. 若有配息，立即投入買更多，形成複利效果。

　　除了台股，美股大盤的 ETF 也很值得投資！道瓊指數只有 30 檔股票，我覺得不太符合投資大盤 ETF 來「分散風險」的用意。羅素兩千指數雖有 2,000 檔股票，但大半股票太小、太沒競爭力。所以，標普五百指數擁有美股前 500 大公司股票，不但夠大、夠多、夠有代表性、夠有競爭力，是可以選擇的 ETF 標的。

　　標普五百 ETF 比較有名的是 SPY（SPDR 標普五百指數 ETF）和 VOO（先鋒標普五百指數 ETF）。前者是全球規模最大，歷史最悠久的 ETF。後者則具有「低手續費」的優勢，還有巴菲特對柏格的先鋒集團之背書，我比較推薦。

　　事實上，美股大盤在其 100 多年的歷史裡，年複成長率達到 9.0% 左右，幾乎大敗所有共同基金。我們投資股市，若把時間拉長到百年以上，常常是一種產業的崛起，就是另一種產業的沒落。江山代有才人出，一代新人換舊人。而標示著美股前五百大的標普五百指數，正是這種精神的表現，不斷汰舊換新，換上新的產業，新的優勢股票，這有美股歷史績效為它見證。但是，再說一遍：只有巴菲特和波克夏是個另類！在一甲子的時間，大敗標普五百指數。

　　若問我：「邱老師：展望未來，漫長的投資時間裡，隨著孟格和巴菲特二老的逝去，你會投資 BRK.B，還是標普五百指數 ETF 的 VOO ？」

　　「放心！可見的未來波克夏依舊保有競爭力，依然獲利滾滾而來，公司的護城河依舊寬大無比，公司財務依靠堅若磐石，即使孟格和巴菲特二老逝去。」

　　但是，你若想遵循柏格的建議，投資標普五百指數 ETF，也不錯！畢竟，柏格可是深受巴菲特推捧的投資學大師，是他認為可塑立投資界雕像的唯一人士。

「弟兄們！我並不以為我已經奪得，我只顧一件事：即忘盡我背後的，只向在我前面的奔馳，為達到目標，為爭取天主在基督耶穌內召我向上爭奪的獎品。」

（斐 3:13~14）

‖ 債券或是再平衡 ‖

■ 債券「要絕對安全」

購買債券只有一個目的：「絕對安全」。

投資若要計較收益，不如買股票、買 ETF，不要買債券。投資股票的獲利，原則上不會輸給債券。投資債券你要想的是「借錢給別人」，圖的是他給的利息，怕的是他人倒債。所以，投資債券絕對不可以有被倒債的風險。

債券依發行單位來分，有公債和公司債。前者是政府發行的，後者則是私人公司或股票上市公司發行的債券。政府公債又分中央政府公債和地方政府公債，當然還有分國內的公債和外國政府發行的公債。

債券還有信評機構會給出「投資等級」。但是，前文我們既然提到：投資債券只有求「絕對安全」的目的。若不是為求絕對安全的投資，就不要買債券，買其他投資標的。所以，我們若要買債券，當然就要買公債，而且是中央政府公債。因為我們不是一般投資機構，也不是公司，他們買債券有額外需求，另類目的。因此，我建議：

一般投資人若要投資債券來避險，就投資「美國國債」。

美國國債是全球公認最安全、流通性最高的債券。

「邱老師：美國政府也債台高築啊！甚至被降評。難道都沒有風險？」

說實話，以現在美國政府債台高築的情況，我真的認為：美國政府根本就「沒有想要還清債務」。他們做的就是「借新債還舊債」。然而，一旦美國政府倒債，那二戰後以美國為秩序制定者及世界警察的體系將瓦解，以美元為儲備貨幣的全球經濟和貿易也將崩潰。那時候，什麼事物都不再確定會值錢，財富也將以我們現在想像不到的方式重分配，即使是黃金，到時是否還值錢，也難說了。

至於如何買進美國國債，就請投資人自己做功課嘍！我自己目前沒有買進的需求。不過，透過美國券商應該都可以買進，複委託就要再問問。要注意的是：直接透過券商來買進債券就好了，不要去買債券基金或債券 ETF，它們的投資標的都太複雜了，還有手續費。

附帶一提，波克夏的「現金部位」，有一部分就是以「美國國債」的方式存放。可見股神巴菲特也是相當信任美國國債的喔！

■ 「同理適用」再平衡

有些投資人以部分股票搭配部分債券的方式組成「再平衡投資組合」。這樣做的理由，是預防股市大崩盤、大熊市，甚至部分持股從此躺平，甚至下市。

採用這種方式選股，我認為股票一定還是要選擇最優秀的公司來投資，買進價也要符合「安全邊際」，波克夏股票是一定要考慮的啦！若是用股票型 ETF，一定要連動大盤，才能獲得隨同當地經濟一同成長的果實。而且要分批長時間地買進，取得平均價格。債券，不用講，就美國國債，為了確保絕對安全的收益。其他的公債和公司債都或多或少有著大大小小的風險。至於什麼債券基金或債券 ETF，就不用想了，那簡直是畫蛇添足，多此一舉。

> 「所以你們不要為明天憂慮，因為明天有明天的憂慮！一天的苦足夠一天受的了。」（瑪 6:34）

‖ 黃金、保險、房地產 ‖

■ 黃金「保值抗通膨」

巴菲特 2011 年度寫給股東的信特別論及黃金的投資。他先將投資分為三類：

1. 貨幣類，如匯率投資、債券等。
2. 不具生產力商品，黃金就是。
3. 具生產力商品，如農地、商業大樓、工廠等房地產，製造或服務業公司的股票。

巴菲特對黃金的觀點：全世界已開採的黃金可鑄成邊長 20 公尺的立方體。這樣的金屬物不具生產力，只能觀賞和撫摸。實際上，它深藏在各國央行金庫地窖，看也看不到，更不用說摸了。黃金最實際的用途就是裝飾品和電子工業用。

不具生產力的黃金，其價值就來自買家對它的期望。所謂「大炮一響，黃金萬兩」。戰亂之時，黃金是最能安定人心的有價品。那平日呢？尤其二戰後史無前例的 79 年全球榮景，黃金的定位呢？

《貨幣戰爭》一書對黃金價值的變化敘述詳盡：它指出黃金被「神秘的猶太家族」及美國聯準會（Fed）給「非貨幣化」了。二戰後，布雷頓森林協定（Bretton Woods Agreements）試著將黃金非貨幣化，1970 年代美國總統尼克森更將黃金的貨幣性質去化更深。全球經濟榮景，更讓黃金跟不上作為貨幣的交易功能。所以，現今的黃金已不再具有貨幣的交易性質，只能算是「收

藏品」、投機炒作的「商品」。黃金實質功能除了裝飾品和電子工業材料外，你所買入黃金的價值，就看下一個買家的出價，還有華爾街的投機炒作。

買賣黃金，傳統認為的是買賣金飾。可是金飾除了金價外還附加「設計費」，這個設計費是投資者額外多出的成本。當黃金收購商想收購黃金時，他們計算的是黃金的實重，設計費成了投資者的沉沒成本，一文不值。

現在人買賣黃金會選擇黃金存摺，黃金存摺又稱「紙黃金」。你可以在你的黃金存摺裡看到所買進黃金的量（公克或英兩），可是當你想向銀行提領出這筆黃金時，銀行就會找各種藉口。常見的是要事先知會銀行，好讓他們「從金庫裡搬」。提領要加一筆手續費，增加你的黃金持有成本。提領時會給一張憑證，日後若想將實體黃金賣回，他們是先認證再認黃金。銀行也不接受其他銀行的實體黃金存回，只接受該銀行所提供的實體黃金，而且不能有任何損壞，甚至開封過的情形……規矩這麼多，不禁令人懷疑：這麼多的設限，是不是它們根本沒有相對的實體黃金庫存啊？這樣的疑問來自《貨幣戰爭》一書，書中說：美國央行裡沒有多少黃金儲備著，其他如瑞士銀行的金庫也是，甚至華爾街所創造來交易用的黃金期貨也是買空賣空，沒有實體黃金在交易。

當然，若將實體黃金自銀行黃金存摺內領回，放在哪裡都有遭竊的風險，也不是好主意。畢竟，金條、金塊上可沒有寫名字啊！

黃金可以保值，現在 3,000 英兩的黃金，約為 660 萬美元，或約為新台幣 2.1 億，可以買棟豪宅。在古代，3,000 英兩的黃金也可以買間「員外府」。黃金具有「價值恆定性」，可以「保值」，卻不能增值，因為它沒有生產力。

1945 年布雷頓森林協定訂下 1 英兩黃金為 35 美元（35 美元 / 英兩）。如今 2024 年第一季金價約在 2,200 美元 / 英兩。79 年來黃金漲成了 63 倍，年複成長率約 5.38%。若依「黃金價值恆定性」來看，我懷疑「金價二戰後

的 5.38% 年複成長率」，就是二戰後 79 年間的「全球通膨率」。若我們理財最基本要打敗通膨率，也就是不要讓我們的錢貶值，那「年複 5.38% 的資產成長率」就是我們的及格線。

金價二戰後的「5.38% 年複成長率」，就是二戰後 79 年間的全球通膨率，也是我們理財投資的及格線。

綜上所述，我們到底該不該投資黃金呢？

我的建議：若你很有錢，可以投資黃金，分散風險，讓資產配置多元化，不讓單一投資標的價格的波動損及總資產價值。當然，除了紙黃金外，也可以搬一些金磚、金塊埋到家中花園地底下，再給予衛星定位，畫出藏寶圖。

若你不是，投資黃金只是剛好抵消通膨，沒有創造更好的財富。

但是，我有個朋友，他蠻主張社會公義觀點，不認同資本主義。所以，資本主義的投資標的，如股票、債券、基金，他都不認同，卻還是相信「要投資」，不能光存錢。我就建議他「投資黃金」，而且要買「實體黃金」，最好是像瑞士銀行這樣國際大行發行的金磚、金塊、金牌或金幣。建議他買實體黃金是因為黃金存摺就跟股票一樣，是華爾街銀行家做莊的籌碼。「你不是不認同嗎？」

黃金只是「保值抗通膨」，不能增值，因為沒有生產力可以為我們創造價值。正如我常說的：投資必須利人利己，先創造有益的產品或服務增進他人價值，然後才能讓我們的投資價值長長久久。黃金收藏並沒有為國計民生創造什麼新的價值喔！

■ 保險「就是為保險」

保險，開宗明義先說我的觀點：買保險就是為了要「保險」。

也就是買保險不應該是為了「投資」，不該把「買保險」當作一種投資工具，而是為了保險、為了分散風險，分散人生中所遇到大大小小的風險。

保險依被保對象，可分為人身保險（壽險）和財產保險（產險）。前者保人，後者保物。在台灣，產險一般不會有「投資型保單」，就純保障性保險。但壽險卻有分一般型和投資型保單。所以，我們這裡要討論的是：「壽險」是否適合當作一種投資工具？

所謂「投資型保單」，是結合「保險」與「投資」兩種功能的保險商品，保戶所繳交的保費，除了部分支應保險，其餘保費可進行投資，既由保戶享有投資成果，也要負擔投資風險。

不知道一般人買保險知不知道：所繳的保費是給保險公司拿去投資，不是放在保險公司或放在銀行滾利息喔！因為金融的世界裡，金錢不會死死的擺著，會在各種投資領域「滾動」。金錢永遠在滾動著，用錢滾錢。

所以，你我繳給保險公司的保費，它們也是拿來投資。可能部分存在銀行，大部分買證券或債券，再有一部分「買保險」。你沒看錯！保險公司也需要買保險，它們需要有保險公司來幫它們保障風險。一般保險公司的「保險公司」，叫作「再保公司」。波克夏旗下就有兩間再保子公司：波克夏再保集團（BHRG）和通用再保公司（General Re）。

我們繳的保費去哪兒？我找到「財團法人保險事業發展中心」的「人身保險業財務統計」。最新統計資料到 2022 年度，共有 21 間壽險業者，其中 2 間是外商。

先看它們公司的「資產負債表」，如表 3-2：資產新台幣 33.6 兆，負債 32.0 兆（負債比 95.3%），業主權益 1.59 兆（占資產的 4.7%）。看到新台幣 33.6 兆的資產，蠻讓人嚇一跳！我的粉專和部落格在 2016 年 10 月 21 日，曾撰文「年金改革下的退休金自理策略」，當時台灣壽險業資產才 20 兆左右。過了 6 年，竟成長了近 7 成！可看出台灣人買壽險買得蠻兇的。

收的保費怎麼運用，看它們的「資金運用表」，如表 3-3：其中最大占比的是「國外投資」，占 70.47%。第二是國內的有價證券投資，占 18.74%。第三是不動產，占 5.24%。還有銀行存款，占 1.42%。可以看出台灣壽險業者把「絕大部分」的保費投資國外，占資產的 7 成，可能投資股票、債券、基金或某些「證券化商品」。好處是投資國際化，風險全球性分擔，缺點是比較監管不到在投資什麼。保費資金運用第二是國內的有價證券，和投資國外的相加，占資產的 89.21%。表示我們的保費有 9 成都拿來投資有價證券。

開頭講了：買保險就是為了要「保險」。不管是壽險或產險，不要考慮把買保險當作一種投資工具。因為只要是投資，「投資報酬率」與「投資風險」就是最關鍵的要素。既然我們要投資，為什麼不自己來挑選投資標的呢？可以買股票、買債券、買 ETF，甚至買黃金。為什麼要把錢交給別人投資呢？交給保險公司的「保費操盤手」，他有比巴菲特厲害嗎？或者說，他能打敗大盤嗎？事實上，我們常常不知道他的投資績效如何，不知道保險公司保費投資經理的投資績效到底如何。

錢不該任意交給別人投資，尤其是沒有長期有效的投資報酬率可供參考的人。巴菲特不是，他有眾所周知的績效。那，還需要買投資型保單嗎？

▼表 3-2：台灣壽險公司資產負債表

資產負債表

總衣   單位：新台幣千元

科目 Item		2022 總計 Total
資產	**Total Assets**	**33,623,783,184**
現金及約當現金	Cash and Cash Equivalents	1,077,674,200
應收款項	Receivables	13,006,202
其他應收款-淨額	Other Receivables - Net	303,957,863
本期所得稅資產	Current Tax Assets	34,161,817
待出售資產	Assets Held for Sale	9,588,103
待分配予業主之資產(或處分群組)淨額	Assets (or Disposal Groups) Held for Distribution to Owners	-
有價證券	Securities	25,902,268,495
透過損益按公允價值衡量之金融資產	Financial Assets Measured at Fair Value through Profit or Loss	5,073,511,153
透過其他綜合損益按公允價值衡量之金融資產	Financial Assets Measured at Fair Value through Other Comprehensive Income	1,984,845,765
按攤銷後成本衡量之金融資產	Financial Assets Measured at Amortized Cost are Assets	18,843,845,918
避險之金融資產	Financial Assets for Hedging	65,659
採用權益法之投資	Investments Accounted for Using the Equity Method	205,951,608
其他金融資產-淨額	Other Financial Assets - Net	6,215,940
投資性不動產	Investment Property	1,470,947,757
放款	Loans	1,295,055,499
再保險合約資產	Reinsurance Assets	19,661,852
不動產及設備	Property and Equipment	142,751,138
無形資產	Intangible Assets	62,225,615
遞延所得稅資產	Deferred Tax Assets	311,999,988
其他資產	Other Assets	257,157,418
分離帳戶保險商品資產	Assets on Insurance Products - Separate Account	2,491,811,263
使用權資產	Right-of -Use Asset	19,348,426
負債及業主權益	**Total Liabilities & Stockholders' Equity**	**33,623,783,184**
負債	**Total Liabilities**	**32,036,048,792**
應付保險賠款與給付	Claims Payable	24,965,139
其他應付款	Other Payables	113,674,517
本期所得稅負債	Current Tax Liabilities	2,665,916
與待出售資產直接相關之負債	Liabilities Directly Associated with Assets Held for Sale	-
金融負債	Financial Liabilities	444,405,061
保險負債	Insurance Liabilities	28,436,720,373
未滿期保費準備	Unearned Premium Reserve	91,752,258
賠款準備	Loss Reserve	52,370,181
責任準備	Policy Reserve	28,165,927,849
特別準備	Special Reserve	63,783,215
保費不足準備	Premium Deficiency Reserve	35,214,774
負債適足準備	Liabilities Adequacy Reserve	-
其他準備	Other Reserve	27,672,096
具金融商品性質之保險契約準備	Reserve for Insurance Contract with the Nature of Financial Products	5,534,079
外匯價格變動準備	Reserve for Foreign Exchange Valuation	228,883,837
負債準備	Provisions	13,639,798
遞延所得稅負債	Deferred Tax Liabilities	141,633,420
其他負債	Other Liabilities	64,717,885
分離帳戶保險商品負債	Liabilities on Insurance Products - Separate Account	2,491,811,263
租賃負債	Lease Liabilities	67,397,504
業主權益	**Total Stockholders' Equity**	**1,587,734,392**
股本	Share Capital	699,923,235
資本公積	Capital Surplus	211,918,431
保留盈餘	Retained Earning	1,476,346,895
股東權益其他項目	Equity Adjustment	-800,454,169

註：1. 臺銀人壽各年度均含軍人保險資料。(以下相關表同)

資料來源：財團法人保險事業發展中心

▼表 3-3：台灣壽險公司資金運用表

資金運用表
總表　　　　　　　　　單位：百分比

科目 / Item	2022 總計 Total
銀行存款 Cash in Bank	1.42
有價證券 Securities	18.74
公債及國庫券 Government Bonds and Treasury Bills	4.21
金融債券、存單、匯票與本票 Financial Bonds, Deposit, Banker's Acceptances, Commercial Promissory Notes	2.17
股票 Stock Certificates	5.33
公司債 Corporate Bonds	2.28
基金及受益憑證 Funds and Benefit Certificates	0.51
證券化商品及其他 Securitization Products and Other Marketable Securities	4.15
抵繳存出保證金 Deposit for Recognizance	-0.47
結構型商品 Structured Note	0.57
不動產 Real Estate	5.24
投資用 Investment on Real Estate	4.75
自用 Own Use on Real Estate	0.49
壽險貸款 Loan to Policyholders	1.82
放款 Loans	1.93
國外投資 Foreign Investments	70.47
專案運用及公共投資 Authorized Projects or Public Investment	0.31
投資保險相關事業 Investments in Insurance-related Businesses	0.02
從事衍生性商品交易 Derivatives Trading	0.03
其他經核准之資金運用 Other Funds Allocations as Approved by the Competent Authority	-
存出保證金 refundable deposits	0.02
合計 Total	100.00

註：1.臺銀人壽各年度均含軍人保險資料。(以下相關表同)

資料來源：財團法人保險事業發展中心

再補充一點：投資型保單是有收取代為投資的各項「費用」的，例如保單管理費、保費費用、解約費用、部分提領和贖回費用、投資標的轉換費用等，再加上提供壽險保障所需的「危險保費」，隨著投保人年紀越高，所扣的費用就會越多喔！

■ 「比率原則」房地產

房地產投資不是我的專項，按理我沒有資格講，但是，投資道理殊途同歸，尤其是遵循巴菲特主義價值投資觀的角度。

我常講投資要符合「比率原則」：你付出的金額有多大，你就該付出符合相等比率的時間、精力去研究，然後再做決策。

房地產投資的金額，絕對占了人生工作收入的絕大部分。換句話說，每個人，甚至每個家庭，一生最多只可能買一套房子，少數才有兩套以上的房子。我說的是「住房」，不是商業房，以下談論的也是住房。

既然，買房的人或家庭，一輩子工作收入的至少三分之一都投入到購買住房的投資，那是否我們應該要比投資股票花更多時間、更大的精力去研究呢？實際上，我相信大部分人花的時間跟精力都少得可憐，很多甚至是聽朋友、聽同事、聽長輩，甚至聽房仲業務的話而「快手」買房，不符合比率原則。

我有個朋友，和男友剛定婚就買了間上千萬的房子。未婚夫畢業不久就考上正式國小教師，薪水固定但剛起步，算是教師職涯的起薪階段。朋友則當上代理教師，期盼著跟未婚夫一樣趕快考上正式教師。房子 200 萬的頭期款是男方父母付的，房貸兩人負擔。付了兩年後，我跟朋友打聽了一下：繳房貸還順利嗎？朋友的反應是「很艱辛」！因為買的是中古屋，買進後發現

有許多地方要修繕，再加上每個月的房貸還款，兩人薪水付完後所剩不多。平時兩人要上班，都是新人，工作都不少。新買房又要大整理、大清掃，加上薪水所剩不多……生活品質沒想像中那麼好。

房地產投資看的指標其實跟股票投資一樣。就質的方面評估，你要看房子位於都市還是鄉鎮，地段是否搶手，人口是否增長，經濟是否成長，房屋新建案多寡，房屋施工品質等。這些都會決定房價的漲跌幅。或許你說：「我是自住房，買了就不賣，房價漲跌幅跟我何關？」問題是房價漲幅高，將來你若有需求，可以有更高的二胎房貸。但若房價不漲反下跌，你可能面臨貸款擔保不足，銀行來追繳，甚至將你的房子斷頭法拍。

就量的方面評估，有所謂的「房價所得比」跟股票的本益比（PER）一樣，「房價租金比」跟股票的本利比（PDR）一樣。

「房價所得比」是說你買的房子的成交價是你的「家戶年所得」的幾倍。一般來說，每月需償還的房貸不可高於家戶收入的三分之一。若保守的只貸20 年的房貸買房：不考慮頭期款，每月需償還房貸為收入的三分之一，那你的房貸所得比是 6.6 倍（20 年 ÷3），算是保守型房貸。現在有的房貸年限好像拉長到 30 年了：也不考慮頭期款，每月需償還房貸為收入的三分之一，那這樣的房貸所得比是 10 倍（30 年 ÷3），意謂著全家不吃不喝、努力工作，都要 10 年才能償還房貸，這還不算利息，有點風險邊緣的房貸。

我曾在粉專和部落格上，就房貸所得比寫過一篇文章，如圖3-3，說到「合理的房貸所得比是 7-11」：7 倍到 11 倍。超過就是泡沫。「那不足 7 倍呢？」那就用力買房！

我有個朋友當年在SARS疫情的時候，下手用力買房。房仲都勸誡他：「現在房市都沒人敢買！」「先不要買房，等一等，等疫情過後吧！」結果，疫情後，他當時用力買的房都大漲，他爽當包租公去。

房貸所得比7-11指數--檢視房價泡沫化的標準

房貸是否合理,是否超過購屋家庭的還款能力?我以自創的「房貸所得比7-11指數」來評估。社區或城鎮的房價是否泡沫化,我們也可以用這樣的標準來檢定。

房貸所得比就是房屋抵押貸款額度相對於家庭年所得的倍數,它如同評估股票買進價格是否合理的指標:本益比(PER)。股價本益比(PER),指的是買進股票的每股價格和股票公司每年每股預估獲利的比率;房貸本益比(PER),則是向銀行房屋抵押貸款額度和家庭年所得的比率。

計算房貸所得比,我們先畫出「保守」和「浮濫」的兩條線,檢視銀行放貸的情況。

一、保守放貸:自備款30%,貸款期限20年,每月還款金額不超過家庭所得25% (1/4)。房貸所得比:20年年薪 ✘ 年所得25% ÷ 貸款比率(1-自備款30%)=7.1倍。

二、浮濫放貸:自備款10%,貸款期限30年,每月還款金額不超過家庭所得33% (1/3)。房貸所得比:30年年薪 ✘ 年所得33% ÷ 貸款比率(1-自備款10%)=11.1倍。

7倍房貸所得比算是保守,超過11倍是浮濫放貸。這就是我所謂的「房貸所得比7-11指數」:在7到11倍家庭年所得比間的房貸,是家庭收入能負荷的房貸額度。

保守的放貸計算是根據霍華·馬克斯在2013年所寫的《投資最重要的事》一書所寫「二十多年前,抵押貸款不可避免的會讓人直接聯想到保守這個詞。房屋買家的自備款是房價的20%至30%,傳統上,每個月的房貸還款金額不會超過所得的25%,房屋會小心估價,而且借款人的所得和財力狀況都必須有文件證明。」

當檢視我們的社區或城鎮房價是否泡沫化,我們可以用這樣的標準來檢定。當社區或城鎮的平均房價超過當地家庭平均年所得的11倍時,就超過家庭月收入和年收入所能負荷的還貸能力,房價已經是泡沫化了。

▲圖 3-3:房貸所得比 7-11 指標。

資料來源:共創價值投資部落格

個別家戶的房貸所得比，看的是自家償還房貸的能力。然而，一個都會或區域的房貸所得比，看的就是這個區域的房貸償還能力，甚至看深一點，就是看這個區域「房價是否過高」的指標。房價過高，超過家戶所得的償還能力，那房價就有泡沫化的危機。泡沫若沒消退，最終的結局就是泡沫破裂。你沒看錯！過高的房價終究會讓人民買不起，沒有買盤接手，任何高漲的價格終究會下跌，甚至崩跌。華爾街名言：「沒有一棵樹會一直長到天上去。」

當包租公收的是租金，但是租金跟房價是否相匹配，是否符合高漲房價該有的收益，那就要看「房價租金比」：房價與每年收取的租金比值。這就好像買股票，每年收的現金股利一般。合理的股息殖利率（現金股利÷股價）應該有 5.38%（這是前文提到金價漲幅所形成的全球通膨率），才能打敗通膨和銀行利息。以股息殖利率 5.38% 的倒數來算，就是本利比（PDR）18.6 倍，合理的房價租金比也該是 18.6 倍，超過就是泡沫化。

各位想要買房的，可以去打聽看看：你要買房的區域房貸所得比和房價租金比平均多少，就能知道房價是否有被高估。

兩種資產型式讓你選，同樣擁有 2,000 萬的資產：第一種型式，你有間價值 2,000 萬的自住房，但手頭現金只有區區 30 萬可以過日子。第二種型式，你沒有自住房，靠租屋過日子，但你手中有 2,000 萬隨時可變現的資產，例如股票，當然還有 30 萬的銀行存款。你會選擇哪一種資產型式？

第二種型式屬於「流動性資產」，你大可隨時把它換成前者的 2,000 萬自住房。但第一種型式的資產在會計上被分類成「固定資產」或「非流動性資產」，不容易「立即」轉換成現金。若我，比較願意選擇第二種資產型式。

我知道，房子是家人共同生活的點滴，記憶最深處的一塊。能擁有自住房屋，「家」才名符其實。

　　房地產不是不能投資，甚至有些什麼投資工具都不懂，也不碰的人，樸樸實實買房，節儉生活，按月付房貸，早日還清，全資擁有自住房，也是非常好的投資。但是，就像我說的，任何投資請符合「比率原則」！投資金額要與投入研究的時間、精力相符合，投資才能理性，才能符合最大化效益，最小化風險。買房是大事，請早一點付諸學習。

　　若有房也付清房貸，卻缺少資金安心退休的中老年，我蠻推薦老黑田臨斌的做法：「異地退休」。他說：若你在台北有個小公寓價值 3,000 萬，可是卻沒有存款可退休。你可以搬到高雄來，用 1,000 萬在高雄買個「大公寓」，甚至透天厝，還有剩下 2,000 萬現金可以「安心退休」，多好！雖然，現在高雄的房子也已經高漲，1,000 萬買不太到大公寓和透天厝，但老黑這種從高房價的都市，搬到低房價的地方「異地退休」的作為，的確是很好的理財法，值得大家參考。

「你們先該尋求天主的國和它的義德，這一切自會加給你們。」（瑪 6:33）

Chapter 4

國安危機 —退休金

不怕退休金危機，可以自己來張羅

我們每個職場工作者，絕大部分是「受雇者」，不管是受雇於公司還是受雇於政府，我們總有一天要從職場上退下來，退休金成了我們人生下半場的依靠。不管是勞保、勞退、公教退撫，還是其他退休基金，到底可不可靠？我們是否可以自理退休金準備？本章就來探討。

‖ 未經考驗的制度 ‖

工業革命之前的經濟，就是「父職子傳」的經濟模式。爸爸做什麼，就教授給兒子做，再傳承給孫子做，一代接一代。我看過有間機車行就是這種模式：爺爺是機械天才，自己創辦了腳踏車行，後來擴張到機車行。兒子從小耳濡目染，一長大就跟著爸爸做，後來成家也當了爸爸，便接手機車行，爺爺換當幫手了。第三代孫子長大也入行當師傅，爺爺就當技術指導跟支援人手。爺孫三代一起傳承發揚。

工業革命後才有「退休制度」：人們成年離家進入職場，老年從職場退休，公司和政府一起供給退休者退休金。有一次領的，有月領的，但現在慢慢都轉變成逐月逐年終身領，台灣就這樣。

可是，人類退休金制度，從沒有經過歷史的漫長時間考驗。嚴格說來，退休金制度還是在二戰以後才慢慢在世界各國普及起來。到底能不能維持住，沒有百年、千年歷史的驗證，誰也說不準。更不用說現代人的平均壽命，又是人類史上從未有過的高齡，伴隨著「少子化」現象，退休金制度到底能維持多久？

華爾街日報（WSJ）報導：由於生物科技的發達、醫療技術的進步和養生保健理念的普及，到本世紀末，人類的平均壽命將達到130歲，屆時所謂的「人瑞」，要180歲以上才算。看完這報導，我還跟朋友開玩笑說：若你我能成為人瑞，那可能要活到22世紀中下期，因為到時候的人瑞，將是200歲以上。

　　巴菲特也很關心美國退休金制度，他曾在給股東的信上表達擔憂，並給予改善建議。連美國這個財政部可以任意發債，央行可以任意印鈔讓全球買單的國家，都有退休金制度的危機，我們是否更要有危機意識呢？退休金危機可是真真實實的國安危機啊！

我只向上主請求一事：願我一生一世住在上主的殿裡。（詠 27:4）

‖ 少子高齡成共業 ‖

這節來談我們的退休金和國債問題。

　　就退休金的管理單位來分，可分為由公務人員退休撫卹基金管理局管理的「公務人員退休撫卹基金」（簡稱退輔基金），它包括了軍公教三族群，屬於政府雇員，最新的基金淨值達新台幣 8,641 億元，如圖 4-1。另一個由勞動部勞動基金運用局管理的「勞動基金」，包含新、舊制勞工退休基金（簡稱新、舊制勞退基金）、勞工保險基金（簡稱勞保基金）、就業保險基金（簡稱就保基金）、勞工職業災害保險基金（簡稱勞職保基金）及積欠工資墊償基金（簡稱積欠墊償基金）；並且該局還受衛福部及農業部委託辦理國民年金保險基金（簡稱國保基金）及農民退休基金（簡稱農退基金）之投資運用業務；最新的管理總規模達新台幣 6.84 兆元，如表 4-1，是退輔基金的近 8 倍。這幾項基金就涵蓋了我們國人的退休金。

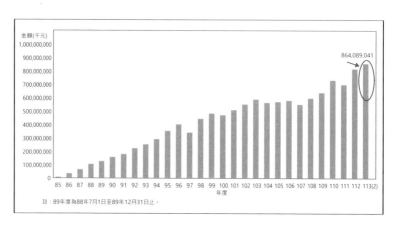

▲圖 4-1：公務人員退休撫卹基金歷年基金淨值圖。

資料來源：公務人員退休撫卹基金管理局

▼表 4-1：勞動部勞動基金運用局管理的基金最新規模

勞動基金運用局管理規模及績效一覽表 自113年1月1日～2月29日止 （新台幣/億元）			
基 金 名 稱	基 金 規 模	運用收益數	運用收益率
新制勞工退休基金	41,030	1,735.9	4.32%
舊制勞工退休基金	10,061	422.1	5.05%
勞工退休基金小計	51,091	2,158.0	4.45%
勞工保險基金	9,581	344.9	4.11%
就業保險基金	1,669	20.6	1.25%
勞職保基金	366	0.97	0.27%
積欠工資墊償基金	173	3.14	1.97%
勞動基金合計	62,880	2,527.6	4.28%
國保基金	5,404	207.8	4.20%
農退基金	150	2.73	1.88%
基金管理總規模	68,434	2,738.1	4.27%

註：1.運用績效計算期間：113.01.01至113.02.29

說明：紅框，管理總規模達新台幣 6.84 兆元。

資料來源：勞動部勞動基金運用局

勞動基金運用情形報告（113年截至2月底止）

　　整體勞動基金截至 113 年 2 月底止規模為 6 兆 2,880 億元，在全球金融市場表現穩健下，113 年截至 2 月底之評價後收益數為 2,527.6 億元，收益率 4.28%，2 月單月收益數為 1,763.8 億元，投資收益穩定增長。其中，新制勞退基金規模為 4 兆 1,030 億元，收益率 4.32%；舊制勞退基金規模為 1 兆 61 億元，收益率 5.05%；勞保基金規模為 9,581 億元，收益率 4.11%；就保基金規模為 1,669 億元，收益率 1.25%；勞職保基金規模為 366 億元，收益率 0.27%；積欠工資墊償基金規模為 173 億元，收益率 1.97%。受衛生福利部委託管理之國民年金保險基金規模為 5,404 億元，收益率為 4.20%；受農業部委託管理之農民退休基金規模為 150 億元，收益率為 1.88%。

　　2 月金融市場表現持續上揚，美國 1 月通膨數據雖高但仍屬降溫趨勢，就業數據延續穩健表現，且 1 月 ISM 製造業採購經理人指數上升至 49.1，製造業悲觀情緒轉淡，經濟優於預期帶動市場正面表現，加上中國股市回穩，2 月份整體股票市場表現強勁。其中 MSCI 全球股票指數 2 月份表現為 4.29%，今年累計上漲 4.90%；MSCI 新興市場股票 2 月份表現為 4.46%，今年累計上漲 0.05%，台灣加權股價指數 2 月份表現為 6.02%，今年累計上漲 5.78%，巴克萊全球綜合債券指數 2 月份表現為-1.26%，今年累計下跌 2.62%。

　　勞動基金為勞工經濟生活保障，以獲取長期穩健收益為投資目標，辦理各項投資以長期、穩健角度，多元分散布局於國內、外股票、債券及另類資產，藉以降低金融市場波動對基金收益影響，並獲取長期穩健之投資收益。就長期投資績效來看，整體勞動基金近 10 年多（103~113.02）平均收益率為 5.71%，國保基金近 10 年多（103~113.02）平均收益率為 6.14%，長期投資績效穩健。

▲圖 4-2：勞動基金投資績效。

資料來源：勞動部勞動基金運用局

　　先往好的看，如圖 4-1，「公務人員退休撫卹基金歷年基金淨值圖」，它從開辦至今逐年成長，雖然遇到幾次金融危機導致稍微減損，但還是能夠增值。再看勞動基金的長期投資績效，我找不到圖，只找到一段文字，如圖 4-2：「整體勞動基金近 10 年多（103 ～ 113.02）平均收益率為 5.71％，國保基金近 10 年多（103 ～ 113.02）平均收益率為 6.14％，長期投資績效穩健。」這樣的長期投資績效看起來還不錯！

　　再看看不好的消息：退輔基金的公務人員部位將於民國 140 年破產（餘額出現負數），教育人員部位更早，將於民國 137 年破產，軍職人員部位則無此擔憂。如表 4-2。若計入 112 年新基金不參與原退輔基金，則公務人員部位將提早至民國 135 年破產，教育人員部位將提早至民國 133 年破產。如表 4-3。這不是等閒視之的事情，是國安危機了。

▼表 4-2：退輔基金第 8 次精算報告

退撫基金第8次精算報告
精算基準日109/12/31
單位：億元

項目／人員	公務人員	教育人員	軍職人員
精算負債(A)	14,586	13,366	3,684
已提存退休基金(B)	3,895	2,163	437
未提存精算負債(C)＝(A)-(B)	10,691	11,203	3,247
已提存比例(D)＝(B)÷(A)	27%	16%	12%
累積餘額出現負數年度	140 年	137 年	NA

註：NA 未來 50 年內基金累積餘額皆維持正數。

說明：退輔基金的公務人員部位將於民國 140 年破產（累積餘額出現負數年度），教育人員部位將於民國 137 年破產，軍職人員部位則無。
資料來源：公務人員退休撫卹基金管理局

▼表 4-3：新進人員另立新基金對退撫基金影響分析

新進人員另立新基金政府撥補對基金影響分析

	公務人員 （新進人員繼續 參加本基金）	公務人員 （新人另立新制度，不參加退撫基金）			
112/7/1 起政府每年撥補	不撥補	不撥補	100 億元	285 億元	244 億元
基金累積餘額開始出現負數年度 --提撥費率 13%+1%→15%	140 年	135 年	140 年	NA	
基金累積餘額開始出現負數年度 --提撥費率 13%+1%→18%	146 年	137 年	143 年		NA
	教育人員 （新進人員繼續 參加本基金）	教育人員 （新人另立新制度，不參加退撫基金）			
112/7/1 起政府每年撥補	不撥補	不撥補	100 億元	236 億元	209 億元
基金累積餘額開始出現負數年度 --提撥費率 13%+1%→15%	137 年	133 年	139 年	NA	
基金累積餘額開始出現負數年度 --提撥費率 13%+1%→18%	142 年	135 年	141 年		NA

註 1.公務新進人員另立新基金，提撥費率 13%+1%→15%，政府每年對公務人員專案撥補新台幣 285 億元，則未來 50 年基金不會用罄。
2.公務新進人員另立新基金，提撥費率 13%+1%→18%，政府每年對公務人員專案撥補新台幣 244 億元，則未來 50 年基金不會用罄。
3.教育新進人員另立新基金，提撥費率 13%+1%→15%，政府每年對教育人員專案撥補新台幣 236 億元，則未來 50 年基金不會用罄。
4.教育新進人員另立新基金，提撥費率 13%+1%→18%，政府每年對教育人員專案撥補新台幣 209 億元，則未來 50 年基金不會用罄。
5.NA 代表未來 50 年內都不會出現負數年度。

說明：若計入 112 年新基金不參與原退輔基金，則公務人員部位將提早至民國 135 年破產，教育人員部
　　　位將提早至民國 133 年破產。
資料來源：公務人員退休撫卹基金管理局

　　勞保基金部分，根據公視新聞網報導：「政大教授黃泓智精算，若維持目前勞保費率，勞保基金將於 2028 年破產，即使行政院承諾 2024 年將撥補勞保 1,000 億元，也只能為勞保基金續命至 2031 年。」

　　但勞退基金不會破產，它是由雇主每月至少提撥 6% 薪資到勞工專戶中，再加上勞工自選的「勞退自提」，從每月薪水中自動提扣 1% 至 6% 到退休金帳戶儲蓄。勞退基金的投資盈虧分配，是依當年度損益分配至個別勞工退休金專戶。當退休時，勞工向勞保局請領專戶中累積的本金和投資收益作為退休金。可是，新制勞退基金最近規模為 4 兆 1,030 億元，而其個人專戶約

有 1,272 萬戶，如圖 4-3，平均每個人擁有的退休金現值是 32 萬元。你覺得退休夠用嗎？雖說這包括了剛就職的社會新鮮人和即將退休勞工，年齡差距 40 多歲。但是，台灣社會的少子化、高齡化，仍是退休金制度的最大考驗。

除了退休金不足外，我們還肩負了國債與地方債的擔子。如圖 4-4，截至 113 年 4 月 3 日中央政府債務未償餘額達新台幣 6.32 兆元，平均每個國民背負了 27.0 萬元的國債。地方政府負債最高的是高雄市政府，113 年 3 月底為 2,362 億，平均每個高雄市民背負 8.6 萬元市債，如圖 4-5。屏東縣的縣民則平均縣債 0.3 萬元，如圖 4-6。如果你是高雄市民，你背負的國家總債務是 35.6 萬元。如果你是屏東縣民，你背負的國家總債務是 27.3 萬元。其他國人背的國家債務就介於這兩者中間吧！

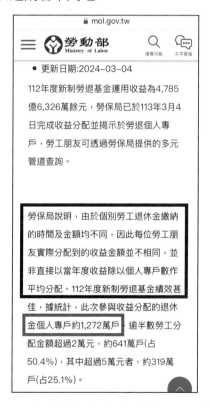

▲圖 4-3：新制勞退個人專戶約 1,272 萬戶。

資料來源：勞動部勞動基金運用局

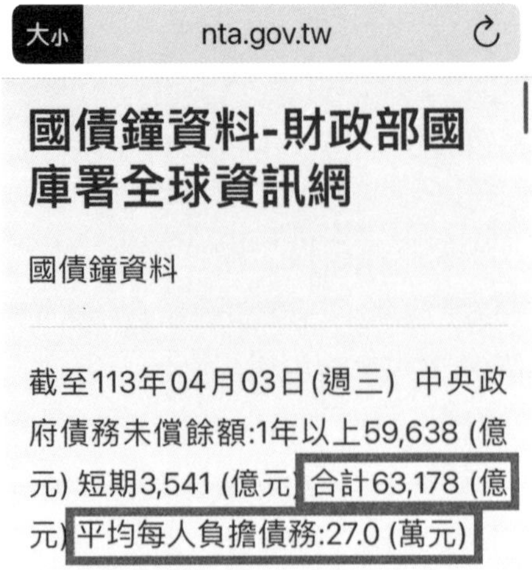

大小 nta.gov.tw

國債鐘資料-財政部國庫署全球資訊網

國債鐘資料

截至113年04月03日(週三) 中央政府債務未償餘額:1年以上59,638 (億元) 短期3,541 (億元) 合計63,178 (億元) 平均每人負擔債務:27.0 (萬元)

▲**圖 4-4：**國債鐘。

資料來源：財政部國庫署

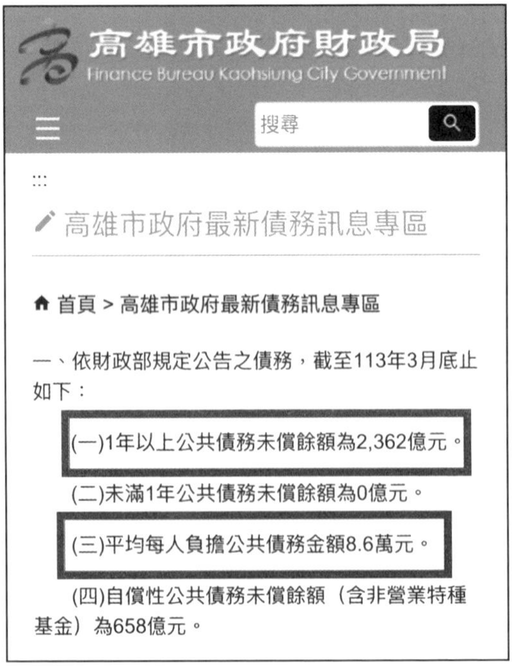

高雄市政府財政局
Finance Bureau Kaohsiung City Government

搜尋

:::

高雄市政府最新債務訊息專區

首頁 > 高雄市政府最新債務訊息專區

一、依財政部規定公告之債務，截至113年3月底止如下：

(一)1年以上公共債務未償餘額為2,362億元。

(二)未滿1年公共債務未償餘額為0億元。

(三)平均每人負擔公共債務金額8.6萬元。

(四)自償性公共債務未償餘額（含非營業特種基金）為658億元。

▲**圖 4-5：**高雄市政府最新債務。

資料來源：高雄市政府財政局網站

🔒 pthg.gov.tw

公開資訊【屏東縣政府113年3月底止公共債務情形】

主類別： 最新債務訊息

次類別： 本府公共債務

年份： 113

公告日期： 113/04/10

簡介

公告內容：

一、截至113年3月底止，本府公共債務情形如下：

(一)1年以上債務未償餘額為20億元。

(二)短期債務未償餘額為 0 元。

(三)平均每人負擔債務0.3萬元。

(四)自償性債務未償餘額（含非營業特種基金）為 19.49億元。

二、依據財政紀律法規定公布事項如下：
屏東縣政府向非營業特種基金或專戶資金調度情形表。
■公庫無向非營業特種基金或專戶資金調度情形

📎 相關檔案

☁
113年3月底止屏東縣政府公共債務情形
(8.59KB).ods 📄 (6.39KB).csv 📄

▲圖4-6：屏東縣政府最新債務。

資料來源：屏東縣政府網站

　　我背國債又背市債，我要還嗎？當然，欠債的總是要還的。但是，民主體制下，沒有一個政府首長「敢」逼著人民多繳稅來還債。那這兩個矛盾現象何解呢？我認為，若無法逐年降低國債和地方債的情況下，「通膨」是唯一解方。

舉個例子說明：今天美元兌換新台幣 1：30 的情況下，我欠你新台幣 30 萬，約值 1 萬美元。但若台灣大通膨，新台幣貶值一倍，成了 1：60 的匯率，我雖還是欠你新台幣 30 萬，可是折算成美元，我的債務只剩下 5,000 美元的現值，債務立刻蒸發一半。多好！

通膨有利於欠錢的債務人，不利於借錢的債權人。但，大通膨是全民受害呀！到時就會薪水不漲，物價樣樣都大漲，購買力嚴重縮水。

以目前台灣經濟欣欣向榮，國家競爭力逐步上升，只要台海維持和平的情況下，我對台灣的未來蠻有信心的。雖然國債和地方債逐步上升，各項退休基金面臨破產和出多入少的危機。我覺得，政府還是有「足夠的舉債能力」，保障各個退休基金不致於破產領不到。畢竟，退休基金破產讓退休者領不到是相當大的社會危機，也是國安危機。可是，從另一面看，天下沒有白吃的午餐，即使各個退休基金不致於破產，然而每位退休者每年每月能領到的退休金也會減少很多，會讓你的購買力大幅下降，造成在職時購買力還可以，一旦退休，退休金只能勉強糊口，沒有多餘消費力。

但求突破退休金困境，突破少子高齡台灣的共業，還是得靠自己理財投資啊！

「你們觀察一下田間的百合花怎樣生長：它們既不勞作，也不紡織；可是我告訴你們：連撒羅滿在他極盛的榮華時代所披戴的，也不如這些花中的一朵。天主尚且這樣裝飾，何況你們呢？」（瑪 6:28~30）

‖ 翻轉未來仍可行 ‖

　　中壯年談到財務自由，其意義在於「達到資產充裕，早日退休樂活」，方法是透過理財投資顛覆退休金制度的不足。但為青年人，「早日退休」太過遙遠，「退休金破產」似乎又莫可奈何？所以，財務自由為青年人的意義應該是「發揮自己的天賦（Talent，塔冷通），不為五斗米折腰，做自己想做、能做、做很棒的工作，達到自我實現（馬斯洛「需求層次理論」的最高層需求滿足）。」

　　現代的台灣，貧窮似乎換了另外一個名詞：「經濟弱勢」。相較古代的貧窮是吃不飽、穿不好，現代的經濟弱勢卻是「失去選擇的自由」：學校、科系是選別人選剩下的，職業、生活方式也是只能做別人選剩的。

　　資本主義社會若你沒有資金和知識，那你會被資本主義社會淘汰，全球化的資本主義就成了你的阻力。正所謂「你不理財，財不理你」。反之，若你知道資本主義的運行法則，若你能活用學來的知識，若你能勤勉積累資金，那你可以利用資本主義去理財、去投資，早日獲取財務自由。全球化的資本主義反而成了你的助力。

　　透過「學習巴菲特，投資波克夏」，經濟弱勢的你也能翻轉未來，擁有「做選擇的自由」。

　　美國有位百歲的老太太葛瑞絲，過世的時候捐了 700 萬美元給當地大學，700 萬美元相當新台幣 2 億多。哇！她是哪來的富婆？其實葛瑞絲婆婆一輩子省吃簡用，一生未婚，住在一間小小的公寓。她一輩子只在一間公司擔任

小職員的工作，並非「富婆」。關鍵就在於她在這間公司工作了 70 年，省吃儉用省下的錢都買自家公司的股票，而且把股票發給的現金股息都再投入了公司股票。重點是她所在這間公司連續 70 年都配發現金股利。要知道，公司要有賺錢才能配發現金股利，尤其要年年賺錢才能年年配發地出來現金股利，更何況連續 70 年都賺錢，這肯定是家有耐久競爭力的公司。這是哪家公司？

亞培（Abbott）

相信你有聽過。葛瑞絲婆婆連續 70 年買進亞培股票，又把拿到的現金股利再投入，形成「複利效益」。複利，愛因斯坦說是世界第八大奇蹟。讓一位平凡的上班族成為富婆。

巴菲特說：投資好比滾雪球。你先要有一把濕漉漉的雪團，還要有一條夠長的坡道。

今日你若是經濟弱勢青年，只要努力學習巴菲特主義價值投資觀，就是要用心研讀這本書啦！生活節制欲望，量入為出，累積第一桶金。然後，嚴選投資標的，投資績優股票，用人生長長的時間坡道，學習葛瑞絲婆婆用 70 年的時間滾雪球，你能不財務自由嗎？遲早，你就不用再為五斗米折腰，可以做自己想做、能做、做很棒的工作，擁有人生「做選擇的自由」。

「那領了五個『塔冷通』的上前來，呈上另外五個『塔冷通』說：主啊！你曾交給我五個『塔冷通』，看，我賺了另外五個『塔冷通』。主人對他說：好！善良忠信的僕人，你既在少許事上忠信，我必委派你管理許多大事：進入你主人的福樂罷！」（瑪 25:20~21）

Chapter 5

學無止境
的觀念

學習資源再分配，翻轉未來購買力

放棄你的窮腦袋，才能財務自由。其實，財務自由不光是錢
多錢少的問題，更重要的是擁有巴菲特主義價值投資觀，這
是需要學習的，而且不是一下下就學得會的。

‖ 理財資源再分配 ‖

什麼是「理財」？
本書定義為「學習資源再分配」。

　　我們手中握有哪些資源呢？不說不知道，一說嚇一跳，其實我們每個人都是「掌中握無限」，擁有相當充裕的資源，就看你怎麼分配。但是，既握有充沛的資源，那你我分配資源的方式理不理性呢？符不符合效益最大化呢？若符合理性原則，符合效益最大化原則，我們每個人應該都生活地富裕與充實啊！實則不然。那表示什麼？表示「理財需要學習的」，不是與生俱來的。

■ 投資自我財富觀

　　你不理財，財不理你。雖說是老生常談，但正如我們所說的：理財是需要學習的。就像你在學校學得各種基礎知識和專業技能，理財也該投注相對的心力，才能有所收穫。

　　我們現今都生活在資本主義社會，前不久我聽到一位朋友罵資本主義造成社會不均，是貧窮者的元兇。那到底資本主義對你我來說：是阻力還是助力？

　　資本主義講究的是利用知識和資產來創造價值。若你沒有知識與資金，那你會被資本主義淘汰。反之，若你能活用知識與累積資本，那你反倒可以利用資本主義，早日獲享財務自由。

知識：賺錢的知識＋理財投資的知識。

資本：本小利大利不大，本大利小利不小。

學習理財，投資自我財富觀，讓資本主義成為你「人生的助力」。正如自序提到的「財務自由我達標」，我自己就是活生生的例子！靠著 EMBA 的基礎，我不斷自修，自我充實，學會理財，學會巴菲特主義價值投資，踏上「初步財富自由之路」，如意退休，做自己想做的事。翻翻我家書房架上讀過的理財投資書籍，已達 150 本，各個書本都畫上重點，寫上眉批。更不用說印出的各家財報還有幾十本，而電腦檔案裡的財報和理財投資訊息，更是不計其數⋯⋯書中自有黃金屋啊！

■ 覺察貪婪與恐懼

講到投資，很多人想的都是「一夜致富」、「快速致富」，這是人性的貪婪。但是遇到投資標的價格下跌、崩跌、甚至崩盤後，很多人都會充滿恐懼，急於賣出，急於脫手。

貪婪與恐懼支配著我們的投資。按理該「別人貪婪，我們恐懼；別人恐懼，我們貪婪」，低買高賣，才能賺大錢。實際上卻是「追高」（貪婪）與「殺低」（恐懼），高買低賣，小賺大賠。形成股市裡 80% 的人賠錢，20% 的人賺錢，更只有 1% 才是大賺錢的贏家。

近些年「行為財務學」興起，我們才發現在生活周遭，我們的理財行為被許多商家的行銷心理學左右，因而做出許多不理性的決定。

孟格在《窮查理的普通常識》一書中，提到了 25 種的「人類誤判心理學」。這些不但影響了我們的投資決策，也在各方面左右了我們的生活。孟格提出的這 25 種人類誤判心理學，大大參考自《影響力》一書，他讀完書之後，不但寄給他的孩子們每人一本書，還贈送作者 Robert B. Cialdini 一股波克夏 A 股，感謝作者對孟格和社會做出的貢獻。波克夏 A 股 2024 年高點來

到 647,039 美元，折合新台幣 2,000 萬元。哎呀！我當初出版第一本書時，也各寄了一本書到美國波克夏總部去給巴菲特和孟格，他倆怎不也贈送我一股波克夏 A 股，作為我對他倆、對波克夏新股東和對人類社會所做出卓越貢獻的感謝呢？一定是我只寫了中文書，他倆看不懂的原因。

以上說的這兩本書，讀者可以去看看，瞭解我們常常是如何被《影響力》這一書所提的「六大武器」，不知不覺中擺佈的，並覺察自己在理財投資上的貪婪與恐懼。

■ 瞭解自己能力圈

什麼是「能力圈」？每個人依據他的天賦和後天的努力都有一個能力所及的範圍，我們稱之為「能力圈」。

孟格說：「如果你確實有能力，就會非常清楚自己能力圈的邊界在哪裡。如果有疑問，就表示已經在圈子外了。」

巴菲特和孟格非常強調能力圈，他倆常提醒：我們的投資該侷限在簡單而且可理解的範圍之內，也就是能力圈內。你所投資的領域不要超越它。

謝毓琛老師的書還特別以此為名：《能力圈選股》。書中提到能力圈的定義：
1. 由自己專業背景衍生出來的知識與分析能力。
2. 由個人長期生活經驗所累積對某些事物的豐富知識與敏銳度。
3. 對一種事物或議題長期鑽研後累積的豐富知識與特殊見解。

依此分類，就我自己在投資方面的能力圈分析如下：
第一點，我有 EMBA 的專業背景，又對數字敏感，擅長邏輯分析能力。
第二點，長期擔任教職，寫書論理就符合我的經驗，論述為何買進波克夏，並擇善固執，身體力行，塑造了投資成就。

第三點，研究所啟蒙我，可以研讀財報，研讀書籍，而找到好的股票投資獲利，這正是我長期鑽研，樂在其中的結果。

YouTuber 老高與小茉講到「如何找到你的人生之路」，提到要如何發掘自己「天賦」的方式，讀者也可以參考看看，是另外一種可以發掘能力圈的方法。

▪ 比率原則要堅守

「比率原則」就是當投入多大的資源，就該投入相對的時間與精力去研究。

凡事要堅守比率原則。理財之路上，更要堅守比率原則。買棟房、買部車、買套家具、買杯珍奶，你都花同樣的精力去思考、同樣的時間去做決策嗎？不可能。但「80 / 20 法則」告訴我們，我們常用 80% 的精力去做重要性20%的瑣事，卻只用20%的精力去做重要性達80%的大事，不符比率原則。

人生五大任務：

1 投資天國，永恆的福樂。
2 投資家人，享受人倫親情。
3 投資興趣與專長，若不然投資你現在的職業。
4 投資健康與人際圈，實踐康健人生。
5 投資理財知識與投資技能。

▲圖 5-1：人生五大任務

資料來源：作者整理

　　我們為人處事要思考一下：這件事我有沒有符合比率原則去從事？如圖 5-1，是我提出來「人生五大任務」，投注這人生五大任務要符合比率原則，尤其愈前面愈重要。本書所講的「投資理財知識與投資技能」雖然重要，但我認為還只能排在第五順位，前四項比它更重要！大夥品味一番。

◾ 風險管理先練習

　　理財必有風險，我們要學的是瞭解風險在哪，如何避開大風險，尋求最小風險的路徑，練習管控風險。

　　年輕人，可以從小練習中學習風險控制。畢竟，在投資上會大賠的人都是先贏了第一把。所以你要先拿出小錢來投資，從嘗試錯誤中學習，不要一次性梭哈。投資必有風險，從小失敗中學會理解風險，學習規避風險，最好能夠做到風險控制。

　　金錢的世界是滾動的，金錢也具有波動性：通膨、匯率、股價、房價、金價、物價，這些都影響著金錢的「價格」。你要學會能理解金錢本身就有風險，要學會控制風險。不然，在這世上，不是你分配別人的錢，就是別人分配你的錢。

　　我常強調：你要投資什麼，必須比別人更瞭解你要投資的標的。你不能把錢交給別人管理，卻寄望他幫你賺大錢。你應該親自理財，理自己的財。自己親自學習理財，學習合理、有效地分配自己的資源。

　　「虧錢的人有兩種，一種是什麼都不知道的人，另一種是什麼都知道的人。」（Henry Kaufman）

　　「應常歡樂，不斷祈禱，事事感謝。」（*得前 5:16~18*）

‖ 投資翻轉購買力 ‖

投資是什麼？
本書認為投資是「翻轉未來購買力」。

自二戰後，全球放棄「金本位」，金錢的購買力就逐步下滑。我自創了「**統一科學麵—台灣簡易物價指數**」[1]，從它來看：近 50 年來，台灣通膨率約 2.3%~2.4%，購買力稀釋了近 3 倍。今日的新台幣 30 萬的購買力相當於 50 年前新台幣 10 萬的購買力。未來也將如此，新台幣將持續「貶值」。所以，我們要透過投資「翻轉未來購買力」。

■ 量入為出存首金

你要投資，就是「用錢滾錢」，你就要有資金。有了資金，你才有機會用錢滾錢，用手上現有的資源創造更大的資源。

要存錢，就要量入為出，拿到薪資先將一部分錢儲蓄起來，努力積極存下第一桶金。一般年輕人或許可利用「兩個帳戶」的觀念，一個帳戶「只存錢」，另一個賬戶可以存放生活資金。

註 1： 統一科學麵—台灣簡易物價指數：統一科學麵 1978 年面市時 4 元，2018 年漲到 10 元，40 年漲成 2.5 倍，年複成長率 2.3%。2024 年若漲到 12 元，則 48 年漲成 3 倍，年複成長率 2.4%。也就是說，台灣近 50 年來通膨了 3 倍，購買力也稀釋了近 3 倍。

要分清楚「需要」跟「想要」的差別。很多人難存錢，是因為把「想要」的事務當作「需要」。說到要投資成功，是要節制慾望，要量入為出。畢竟「由儉入奢易，由奢返儉難」啊！不要為自己製造太多的需要。

我建議可以「天天記帳」，瞭解自己和家人金錢的流向。現在，手機APP有許多這樣的記帳軟體，挑一個自己喜歡的用。我自己就天天記帳了5年，可以分析自己和家人的金錢去處，若要刪減開支時，也比較知道可以從哪裡下手。這樣，第一桶金才存得起來。

■ 分辨價格與價值

巴菲特主義價值投資要區分出「價格」和「價值」兩種不同的概念。思考事物的價值要優先於它的價格。巴菲特的老師葛拉漢說：「價格是你所付出的，價值是你所得到的。」

當我們在進行價值投資時，要切記：買進的價格永遠不要高於標的物的價值。同樣，賣出的價格也永遠不要低於標的物的價值。不管你買賣的是什麼，這就是「價值投資」。

買進：價格＜價值。
賣出：價格＞價值。

你常不知道事物真正的價值，而被「別人定出的價格」所迷惑嗎？前不久我才遇到這個例子：

太太去逛街，逛服飾店，回來時買了「一大堆」的襪子。面對傻眼的我，她解釋道：他們店3雙襪子1包打8折，兩包6雙襪子打6折。我拿6雙去結帳的時候，店員說到：「可以再拿6雙，就可以得到超低價的3折優惠喔！」於是，她就買了12雙襪子。傻眼！隨後太太問了我：為什麼他們可以賣這麼便宜，不虧錢嗎？於是我跟她說明了什麼是「價格」和「價值」的概念。

「一般消費者都不知道商品的真正『價值』，所以他們只會查看商品的『建議售價』，來為商品定出它可能的『價值』，這在行為經濟學上稱之為『定錨點』。正因如此，店家常把商品的建議售價定得很高，來突顯商品『很有價值』。但實際銷售的時候，又折扣得非常大，讓消費者自以為『賺到了』，而且是買愈多感覺賺愈多。真實的情況是『殺頭的生意有人幹，賠錢的生意沒人做。』商家打折即使打到骨折，它還是高於商家的成本價，不會賠錢賣的。」

同樣的事情出現在我們生活的每一件事上。因為你我常常分辨不出事物的價格與價值。例如，「白珍珠與黑珍珠誰比較值錢？」

白珍珠早就出現在人類社會，人們對白珍珠的價值已有比較公認的價格。但是，黑珍珠直到 1973 年，在太平洋上的大溪地被洋人發現，才被全世界所知道。

那我請問你：「白珍珠比較值錢，還是黑珍珠比較值錢？」

有在買珍珠，甚至黑白兩種珍珠都買過的消費者，可能會告訴我：「黑珍珠比較值錢！」

真是如此嗎？最早發現黑珍珠並把它銷售出去的洋人，一開始是「賣不出去的」，即使價格比白珍珠便宜。但是，他們後來應用心理學的方式，將黑珍珠放上紐約第五大道商店的櫥窗，天價展示。並做了一些高檔雜誌的全頁廣告，配上鑽石拱托它的「不凡」。再配上名媛時尚穿搭的配戴廣告。如此將黑珍珠一個「價值令人存疑的東西」，變成「令世人驚嘆的絕世精品」。

走筆至此，我還是要問：「黑珍珠真的比白珍珠值錢嗎？」

我就不這麼認為。只是世人對黑珍珠的價值有了新的「定錨點」。

瞭解白珍珠與黑珍珠的故事，你我要學會透過徹底的研究、探索，發現事物真正的「價值」，不要被別人開的「價格」給牽著鼻子走。

找出偉大的事業

孟格的股票投資理論：股價合理的卓越公司勝過股價便宜的平庸公司。這是因為卓越公司的成長性，讓它的價值不限於現在所分析出來的，未來股價自然會隨著公司價值水漲船高。而平庸公司即使再廉價也不值得買進，因為它的問題將繼續損耗公司現有的資產，廚房不會只有一隻蟑螂。

坊間的投資書籍都教你用各種評估方法，甚至給出他自己的口袋名單，讓你找出偉大的公司來投資。只有我，大概是全台第一個人，鼓吹將巴菲特的投資成就化作我們自己資產增值的成果。其實方法很簡單，就是「投資波克夏股票」，就像巴菲特講的，跟在池塘裡的鴨子一樣，池水漲起你就跟著升高了，什麼都不用做。

照本書的觀點，投資股票其實只要定期定額，或者逐步地將自己手中可運用的閒置資金長期投資在波克夏股票，就能水到渠成。

第一章提到巴菲特講過的「荒島投資法」，這成了我現在主要的投資觀點：如果像魯賓遜一樣漂流荒島 10 年，甚至 20 年，在此之前投資了什麼標的，在我們不聞不問 20 年之後，重返文明世界時一夕致富？

「荒島投資法」的選擇：當然是波克夏股票！

以過去 59 年波克夏股價的年複成長率 19.8% 來算：10 年後回到文明世界，資產會變成 6.1 倍；20 年後回到文明世界，資產會變成 37.1 倍。嗯！萬一我成了波克夏股東的魯賓遜，還是漂流荒島久一點好！

　　孟格在《窮查理的普通常識》一書中說過：有一位經濟學家他也是很好的股票投資家，但是卻將他自己全部的資產投資在波克夏股票上，因為他相信巴菲特跟孟格的投資做得會比他更好。所以他只做了這樣最佳的選擇，就不再自己親自下場投資。

　　很多人認為自己親自選股可以做得更好，也常看到有些股票短期內大漲了一兩倍、甚至十倍。然而，股價常常是短期內怎麼樣上去就怎麼樣下來，因為過漲的股價脫離了內在價值，過度泡沫化的結果就是破裂，回歸原點。現在投資波克夏股票似乎讓一般人覺得漲幅比較小。是的，以現在波克夏龐大的市值來看，要它每年還高速成長、股價大漲似乎有點難。但波克夏每年都能小幅成長，長期下來，其實是能打敗許多明星級公司的股價成長，因為波克夏的獲利是可持續的，股價當然也可以持續成長。

　　烏龜只要持續地慢爬，總比亂衝亂撞的兔子跑得更遠更快。

集中投資長期抱

　　一般投資書都建議，投資要「分散風險」。但是，巴菲特卻說：集中投資在少數偉大事業上，低價買進，並長期持有。

　　投資績效不好，如何改善呢？孟格提出的建議更極致：「仿效波克夏公司，只擁有少數幾家備受敬仰的公司，不殺進殺出。」孟格還說到：「在美國，一個人或機構，如果用絕大多數的財富，長期投資於三家優秀的美國公司，那麼絕對能夠發大財。」孟格更進一步說：「我認為，在某些情況下，一個家族或一個基金用90%的資產來投資一支股票，也不失為一種理性的選擇。」

　　巴菲特怎麼做到集中投資呢？

看看波克夏公司的股票投資組合，尤其新一期 2023 年底的表格，如表 2-7。你將會知道什麼是巴菲特式集中投資：波克夏持股第一大公司蘋果，占投資組合的 50.19%，超過投資組合的一半。前八大持股已占據了 91.01%。

集中投資不是波克夏現在才這樣，事實上波克夏很早就有集中投資的股票投資組合。巴菲特最早嘗試的集中投資案例，就是危機入市買進的美國運通股票。

如今波克夏重倉蘋果，巴菲特看好的是蘋果產品和服務的「客戶黏著度」，這不用我說，果粉都心知肚明。

■ 一生時間滾雪球

巴菲特比喻價值投資就像滾雪球：你先要有一把濕漉漉的雪團，還要有一條夠長的坡道。因為價值投資講究複利的威力。正如愛因斯坦把「複利」比喻成世界第八大奇景，威力比原子彈還大。透過投資，我們要翻轉未來購買力。

年青人的優勢就是擁有「長長的坡道」，很長很長的投資時間。可以透過價值投資的複利作用，逐步累積財富，早日財務自由。中老年人的優勢則是擁有「很大的雪團」，若做好巴菲特主義價值投資，可以縮短複利的時間，也可以達到財務自由。

重點是你要跳脫老鼠賽跑的思考方式，重新學習巴菲特，用人生來滾雪球，從中形塑自己的成功方程式，慢慢地滾出財富雪球，踏上財務自由大道。不要相信「一夕致富」的捷徑，暴富的背後常常是「暴貧」，財富是要慢慢累積下來的。

　　巴菲特說：「在鮮花盛開的時候，雜草會枯萎。隨著時間的推移，只需要幾個贏家就能創造奇蹟。」正如我目前單單投資波克夏股票，之前將絕大部分投資組合放在波克夏股票上一樣。

「你們求，必要給你們；你們找，必要找著；你們敲，必要給你們開。」（瑪 7:7）

‖ 活用理財賺大錢 ‖

■ 不要借錢買股票？

巴菲特說：不要借錢投資，雖然會放大你的獲利，也會放大你的虧損，陷於萬劫不復之地。我也常叮嚀大家：不要借錢「玩」股票。但是，有次線上理財講座，我跟聽眾提到可以透過低利率的信用貸款投資，咦！這不是前後矛盾嗎？

我自己有借錢投資股票，一是融資，二是信貸。前者風險蠻大的，利息蠻重的，給我自己蠻大的壓力！會融資買股票，是因為機會來了，好股票遇到好價位，想買飽想買滿，可是平時我都 all in 滿倉，不得已，動用第一證券（Firstrade）的融資買股。

例如，2020 年買的輝瑞（PFE），當時已經清倉衛星持股來買進輝瑞了，但還不滿足，覺得買的還不夠，於是動用融資繼續買進。結果……輝瑞股價在我買進後，整整盤了快一年，才大漲。但因為「本大利小利不小」的集中投資，總獲利還不錯。這期間每個月融資利息以「複利的方式」滾進來，給我壓力真的蠻大的。還好，2021 年末，輝瑞股價大漲，賣掉持股，清償融資，輕鬆抱股！

我會投資輝瑞的原因，除了它是 COVID-19 的「疫情受益股」外，最重要是看到報導：比爾·蓋茨認為輝瑞將是美國第一個研發並量產疫苗的公司。所以，我在 2020 年 9 月疫情最嚴重的時候就已經開始買進輝瑞的股票了。果

然，同年底它比莫德納還早發表疫苗，那為何不投資莫德納的股票。嗯！它是疫情前都沒有獲利的小公司，只是搭上疫情的暴利雲霄飛車，疫情一緩，它的高速成長也將過去，股價怎麼上去就怎麼下來。實際上，它莫名飆漲的股價也讓我猜不到還要漲多久，何時崩落，早就脫離內在價值很遠了。最後它的股價也只是風光了一年半，半路上車的都套在高點。不像輝瑞是美國最大的百年藥廠，它還有別的獲利支撐股價，符合價值投資，雖然也是隨著疫情大漲大落，但相對緩和，投資相對安全。

還有就是想「換股」，結果想買的股票股價到了要上車，想賣的股票股價還沒到，先融資買進，再等時機賣另一檔股票。

融資買股的風險很大，尤其像2020年遇到黑天鵝事件的COVID-19疫情，美股屢屢熔斷交易，融資很容易被券商斷頭賣出，造成永久的損失。所以，我盡量保持足夠的安全邊際融資買股，甚至還寫出一套公式，算一算自己的融資是否在安全範圍內，不被斷頭。當然，我還有一個優勢：我的波克夏持股比率一直蠻大的，波克夏股價又抗跌，帳戶就不易因大跌縮水而被融資斷頭。即使這樣，融資買股還是一直給我很大的壓力。

現在，我退休了，投資更保守了，不會再融資買股了。

■ 融資之後還信貸

我另一個借錢買股方式就是信貸，銀行信用貸款。我找的都是低利率、長期限、免保人、高額度的信貸。還記得第一次到銀行辦貸款時，好緊張！手都發抖！手心都冒汗！

相對融資，信貸風險低太多！只要你每個月的收入能夠「輕鬆」償還本息就好。貸款投資雖然可以擴大獲利，但是，信貸投資有兩個原則絕對不能逾越：

1. 你每個月要償還的信貸本息，絕對是要月收入能輕鬆覆蓋的。
2. 借貸來的錢一定要低價買入絕對優秀的股票，並且不要任意殺進殺出，要長期投資。

那，我自己信貸投資股票的報酬率多少呢？有沒有符合「謹慎借款」、「最大化投資效益」的原則呢？

我自 2011 年開始辦信貸，到 2021 年時有 11 年了。其中信貸了好幾次，有幾次是到期清償完畢，更多次是「提早清償」重新換過新貸款。後者的理由有為了更大的額度，裝更多的子彈，也有為了更低的利率。

要驗證這些信貸拿來股票投資的效益，我以貸款期間各年度股票投資報酬率來核算。也就是貸款了多少年，就把那幾個年度的股票投資報酬率相乘，獲得了那些年各筆貸款投資的報酬率。

以 2011 ～ 2021 年的 11 年來計算，這 11 年共辦理並清償了 7 次信貸，其中 5 次是提早清償。將這 11 年 7 筆信貸期間各自的股票投資報酬率乘以各自貸款額度，得到該筆信貸的獲利，再把 7 筆信貸的股票投資獲利加起來，並除以 7 筆信貸的加總金額，算出我的信貸投資股票的總報酬率竟然達到 71%。相當令我滿意！

換句話說，如果我辦理了一筆 80 萬 7 年 84 期的信用貸款，7 年後它可以為我賺進 56.8 萬元。真棒！

當然，要有這樣好的信貸獲利都得先建立在好的股票投資報酬率上。我之所以能早日「初步財務自由」，透過信貸投資幫了很大的忙。畢竟，本小利大利不大，本大利小利不小。

■ 貸款投資的風險

1. 很多人在貸款核准後，突然拿到這麼大一筆錢，腦中會「時時浮現」許多夢想的消費或入市大炒股的念頭，失去初衷。這是人性！這也是為什麼中大樂透的人，兩年後常常是把錢花光，回到原點的原因。因為我們的人生還沒有處理大錢的經驗，如何有節制、按計畫、有目標的理大財。

2. 突然取得那麼大一筆錢，會讓自己的金錢觀膨脹，「不把錢當錢」，會放大自己的用錢習慣，不再省吃儉用。畢竟，由儉入奢易，由奢返儉難。但是，這筆貸款是「借來的錢」，終究要還的，還得從每月生活消費中涓滴擠出來償還。

3. 大錢不會擴大你的投資報酬率，只會放大你的獲利和虧損，尤其虧損更容易被忽略。借了大錢我們是要投資獲利，但只有「低價買進好公司的股票並長抱」，才是真正的股票投資成功方程式。貸款只是擴大這個成功方程式的倍數！牢記！

貸款投資前，一定要徹底瞭解巴菲特主義價值投資觀，最好也在股市有幾年的投資經驗，小練習學習風險控制。不然，一旦進了股市常常「忘了自己是誰」，忘了價值投資的初衷，尤其手握那麼大的資金可以任意買賣時。

當年讀《富爸爸窮爸爸》一書，書中提到薪水要「先支付自己」，不要先拿來消費支出，還有「利用債務 debt 買進資產 asset」、不要利用債務 debt 買進負債 liability。當時的我一直想不透到底要如何實踐，直到讀了溫國信老師的《找到雪球股，讓你一萬變千萬》一書，我才知道：透過貸款投資就是這個道理。

■ 我的買車理財法

先說說我的買車情形：我在 2012 年 12 月交的車，Toyota 三代 RAV4 4WD 旗艦版，當時定價 117 萬。我要到了相當於車價 6% 的 7 萬現金折價，只花 110 萬購買；並要到了 80 萬 5 年零利率汽車貸款，相當於實際車價的 72.7%。要聲明的是：在買車時，我真真實實握有車價全額的資金。但是透過現金折價、高額長期零利率車貸，將這保留下的 80 萬汽車貸款資金拿來投資股票。目前，這部車還在開，沒賣。

歷經了 2013 ～ 2024 年 3 月底，共 11.25 年的股票投資，我的總報酬率為 279.0%，80 萬車貸賺回了 223 萬的錢，扣掉買車實付的 110 萬元，還多賺了 113 萬元。

我們想像一下，這是一個「免費的」購車方案。不但免費，還額外贈送了 113 萬元的保養、加油、稅金、換胎費用。

太棒了！感謝天父爸爸的恩賜！

雖然，5 年 80 萬車貸在 2017 年底就清償完畢，但我的車還沒賣，就當作保留的資金一直在「錢滾錢」滾到現在。能有這麼免費、這麼好的買車待遇，條件是什麼？

1. 買車前你一定要有「全額的購車資金」。不然，你拿什麼「錢」去錢滾錢？
2. 你要有「好的投資報酬率」。這又講到「只有低價買進好公司的股票並長抱」，才是真正的股票投資成功方程式。其實在 2013 ～ 2024 年 3 月底，這 11 年又 1 季的投資時間，我在 2015 年、2018 年和 2022 年的投資是虧損的，分別 -4.1%、-24.0% 和 -4.3%。可是其他 8 年又 1 季賺錢，而且由於逐步堅守巴菲特主義價值投資和長抱，報酬率也相對提高。

3. 買車要划得來，要買「故障率低、妥善率高」的車，那當然是 Toyota 啦！我也是 Toyota 粉！也要換車率低，開久一點，因為新車的折價是很高的。如今，這部車已陪伴我進入第 12 年了。

買車通常是《富爸爸窮爸爸》一書說的「利用債務 debt 買進負債 liability」。是否我這買車理財法，可以將買車之事逆轉為「利用債務 debt 買進資產 asset」呢？讀者參考一下。

「天主拯救眾人的恩寵已經出現，教導我們捨棄罪惡的生活和世俗的誘惑，在世度自律、公義和虔敬的生活，以期待所希望的幸福，和救主耶穌基督光榮的來臨。」（弟 2:11~13）

‖ 巴菲特成就了我 ‖

　　讀了屏科大 EMBA 研究所，才知道要理財投資，雖然人到中年才文轉商科，如今還是能邁入財務自由。其中關鍵就是：理財學習巴菲特，投資重押波克夏。這個過程自己型塑了一套「巴菲特主義價值投資觀」，並能出書立著，與大家分享，感謝巴菲特成就了今日的我！

　　投資要長期獲利，要滾出財務自由的雪球，就不要「投機」，不要預測股市波動，不要預測行情。所以要走上價值投資之路，尤其是巴菲特主義價值投資的正道，就要學會分辨「價格」與「價值」，買進的價格要遠低於內在價值，放長線慢慢等待。

　　價值投資法說來容易做來難，是「知易行難」的一門藝術，關鍵在於「投資者心理素質」，這也是近期行為財務學興盛的原因：「知易」的價值投資觀遇到「行難」的投資者心理素質，造成投資賺大錢不容易。

　　本書所要闡述的：
1. 知道巴菲特之所以成為「股神」，不只是他的投資觀念是「正道」，經得起時間考驗。他也是非常有節制的人，不被風雨飄搖的市場所影響、所左右，堅持走正確的道路。
2. 在巴菲特和孟格的思想主導下的波克夏公司，不只過去近一甲子的獲利斐然，未來仍將持續下去，值得我們投資，值得我們長抱。所以，投資波克夏股票成功的祕訣就是「不要賣」，化波克夏的成長為我們自己財務的成長。

3. 投資要成功，除了要「深知」投資標的，也要深知自己。所謂「知己知彼，百戰不殆」，要堅守自己學習到、瞭解到的好觀念，相信自己的選擇，不要被動盪的股市「洗出去」。這除了要常讀巴菲特和孟格的言論、文字，要把我出版的書和發表的文章反覆閱讀外，也要探索自己的心境。

巴菲特 2017 年度給股東的信，引述了詩人 Kipling 的一首詩，在股市動盪時拿來讀一讀，幫助我們靜下自己的心，直探風雨中的寧靜。

若

若他人都失去理性，你仍保持清醒；

若你能等待，不因此厭煩；

若你愛思考，卻不憑空臆造；

若人都懷疑你時，你仍能堅信自己；

你能成就一世界，一切皆都屬於你。

If

If you can keep your head when all about you are losing theirs . . .

If you can wait and not be tired by waiting . . .

If you can think – and not make thoughts your aim . . .

If you can trust yourself when all men doubt you . . .

Yours is the Earth and everything that's in it.

我自己的股票投資之路也是風雨飄搖。原以為學會巴菲特主義價值投資觀，就能悠然面對股市的動盪，其實群體狂歡時歡樂，群體恐慌時恐慌，是人性，我們很難跳脫其中。面對無知所形成的恐懼時，我會反覆讀巴菲特和孟格的話語，安撫自己的心。也因為一路上堅持著巴菲特之道，才能突破幾次的股災，走向財務自由大道，獲得「初步財務自由」。巴菲特成就了我！

助人為樂。今天我出書，不是為了賺錢，至少不是為了「賺大錢」。也不是為了出名，小名氣還好，大名氣我受不了。而是為了「分享」與「助人」。「與你分享的快樂，勝過獨自擁有，至今我仍深深感動。」周華健的歌正是我心的寫照。而「助人為快樂之本」，正是耶穌所叮嚀的：「你應當愛近人如你自己。」（谷 12:31）

讓我們一起：學習巴菲特主義價值投資觀，投資波克夏，邁向財務自由大道，「做你自己」。

以下是我每日默念的一段祈禱文，也是我每日基督徒生活的標竿。

「你的生命必須是恆久的祈禱，與我們的主永不止息的交談：不論情況是愜意或不快，容易或困難，平常或異常。在每一種情況下，你應立即恢復你與天主父的交談。你應在你的靈魂裡尋覓祂。」（鍊爐 538）

台灣廣廈 國際出版集團
Taiwan Mansion International Group

國家圖書館出版品預行編目（CIP）資料

跟著巴菲特猛賺4.3萬倍：讓股神幫你操盤，獲利勝ETF百倍 /
邱涵能 著，
-- 初版. -- 新北市：財經傳訊，2024.7
　面；　公分. --（view；72）
ISBN 9786267197677（平裝）
1.CST:投票投資 2.CST:投資分析

563.53　　　　　　　　　　　　　　　113007836

財經傳訊
TIME & MONEY

跟著巴菲特猛賺4.3萬倍：
讓股神幫你操盤，獲利勝ETF百倍

作　　　者／邱涵能　　　　　編輯中心／第五編輯室
　　　　　　　　　　　　　　編 輯 長／方宗廉
　　　　　　　　　　　　　　封面設計／張天薪
　　　　　　　　　　　　　　製版‧印刷‧裝訂／東豪‧紘億‧弼聖‧秉成

行企研發中心總監／陳冠蒨　　線上學習中心總監／陳冠蒨
媒體公關組／陳柔彣　　　　　數位營運組／顏佑婷
綜合業務組／何欣穎　　　　　企製開發組／江季珊、張哲剛

發 行 人／江媛珍
法 律 顧 問／第一國際法律事務所 余淑杏律師‧北辰著作權事務所 蕭雄淋律師
出　　　版／台灣廣廈有聲圖書有限公司
　　　　　　地址：新北市 235 中和區中山路二段 359 巷 7 號 2 樓
　　　　　　電話：（886）2-2225-5777‧傳真：（886）2-2225-8052

代理印務‧全球總經銷／知遠文化事業有限公司
　　　　　　地址：新北市 222 深坑區北深路三段 155 巷 25 號 5 樓
　　　　　　電話：（886）2-2664-8800‧傳真：（886）2-2664-8801
郵 政 劃 撥／劃撥帳號：18836722
　　　　　　劃撥戶名：知遠文化事業有限公司（※ 單次購書金額未達 1000 元，請另付 70 元郵資。）

■出版日期：2024 年 7 月
ISBN：9786267197677